建築家のアタマのなか

小堀哲夫

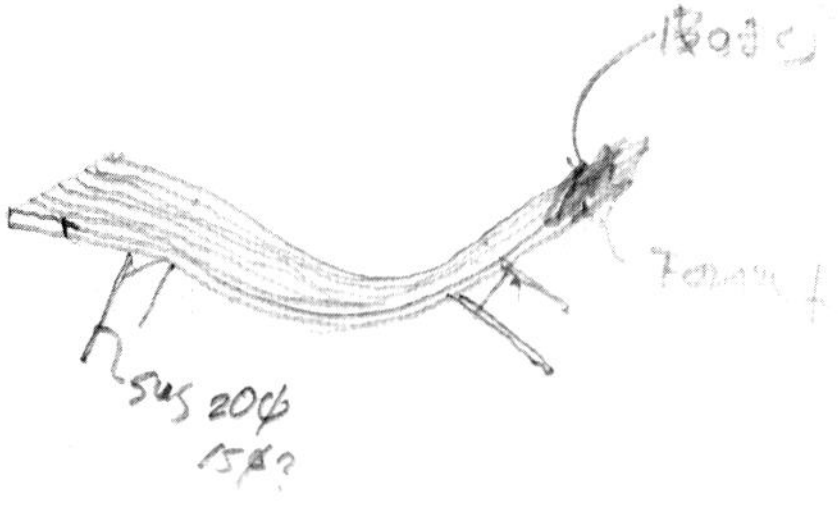

幻冬舎MC

建築家のアタマのなか

フランチェスコ・ボッロミーニはバロックという型をつくる。それは曲線と鋭角と空間の3つを融合させたものだと思う特徴
最初の

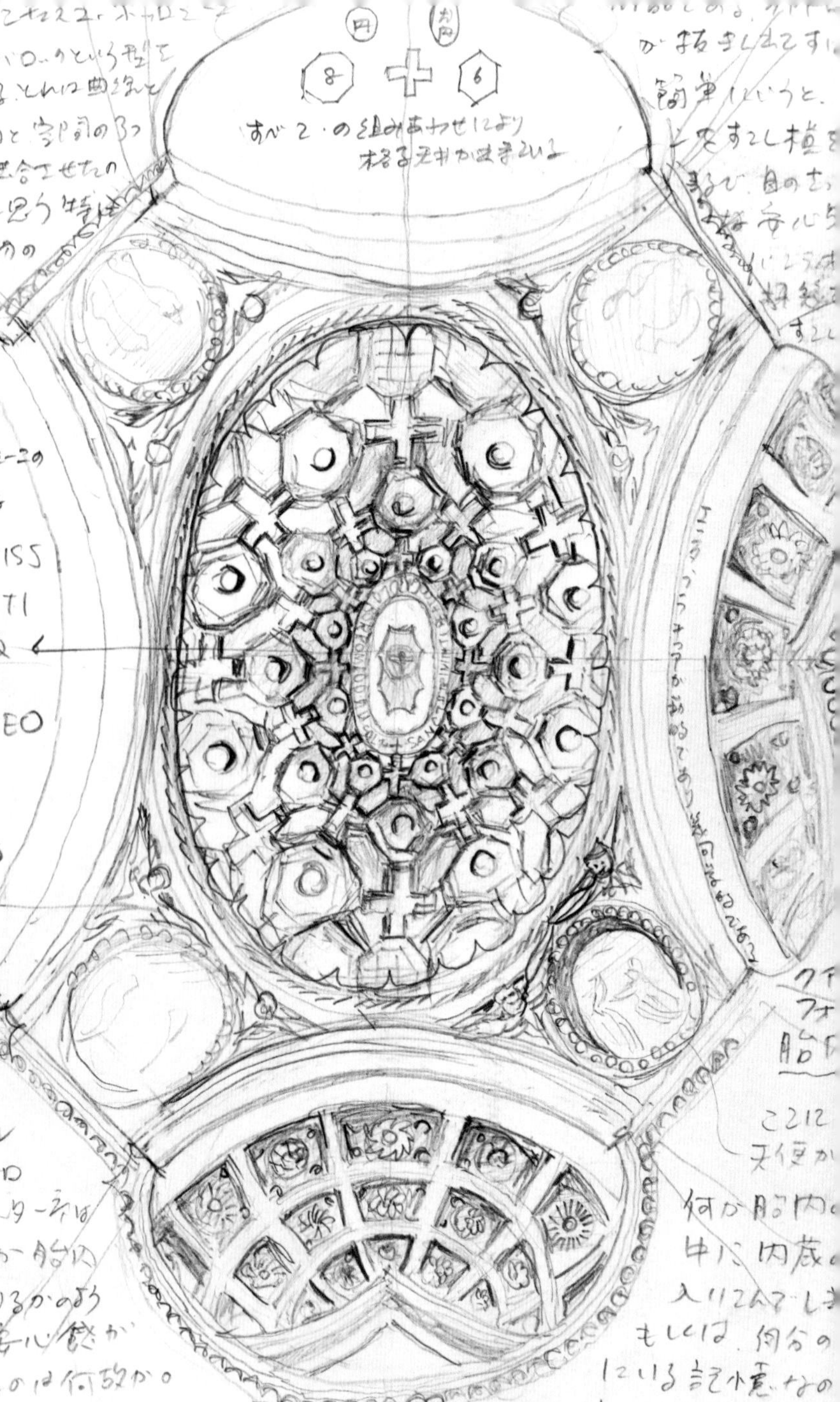

が描かれてすい
簡単にいうと、
少しすこし横を
まるで自分の
安心

しかし
クアトロ
フォンターネは
何か胎内
にいるかのよう
な安心感が
あるのは何故か。
まるで不思議の国に

ここに
天使が
何か胎内の
中に内蔵。
入りこんでし
もしくは自分の
にいる記憶なの
中心の光は出口なのか

Carlo alle Quattro Fontane 1646年 着工1638年

設計者フランチェスコ ボッロミーニ

バロック. 曲面

Aにある ボッロミーニを みる!!

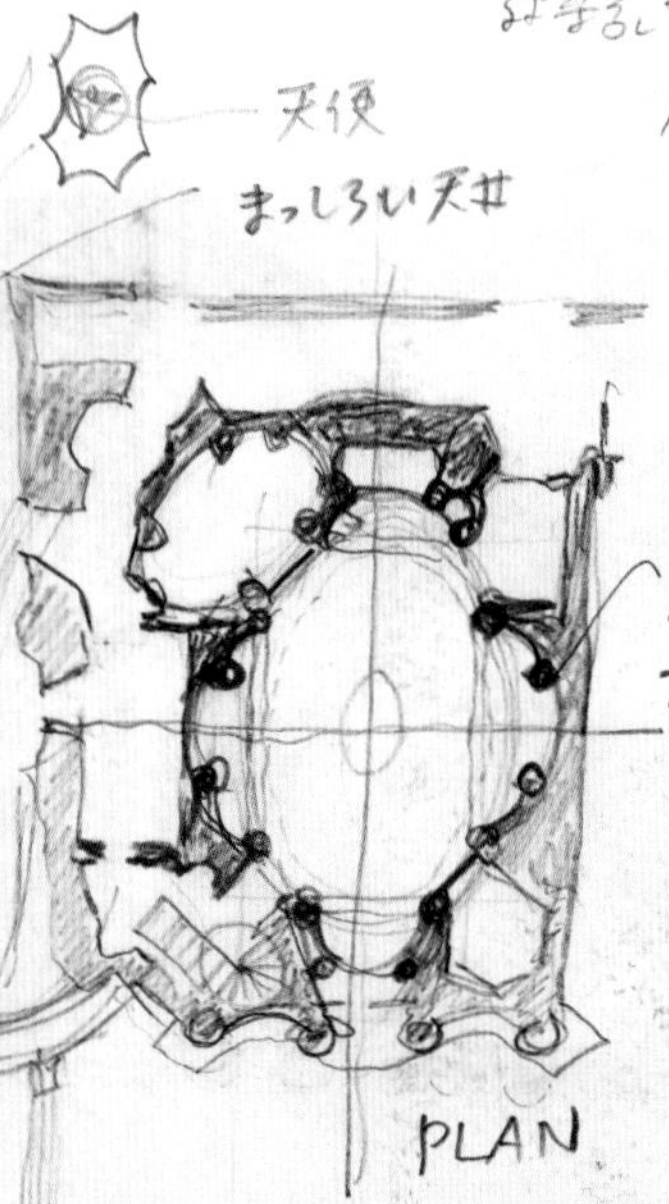

有機的であるが
何か不思議とする直的
ながっくみがりもある。

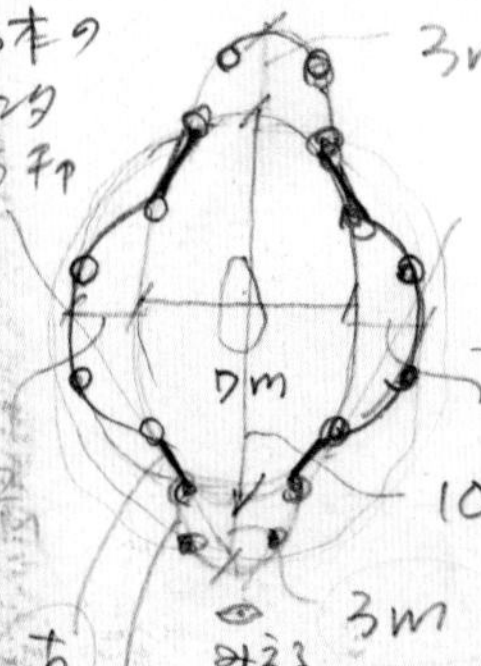

16本の柱

+SA
TRIN
BEA
CAR
BOR
D
AN
SAL
M.
天

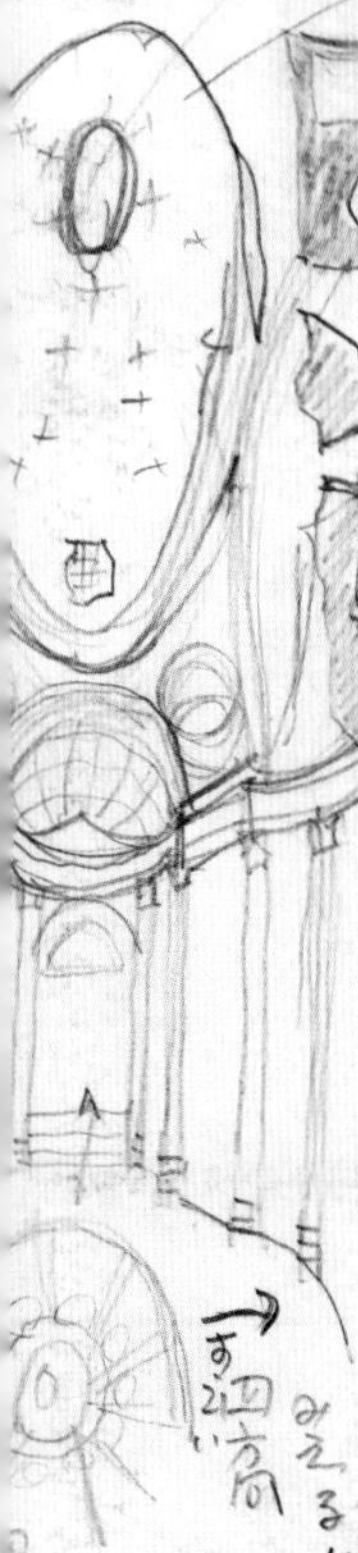

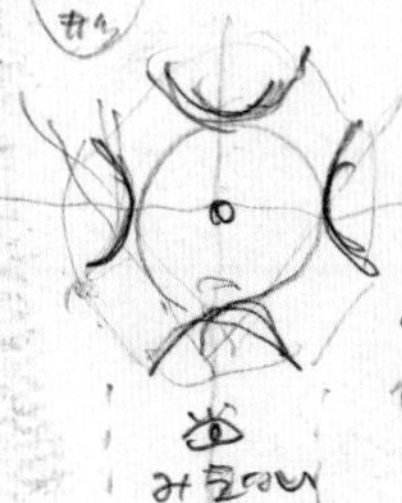

エンタブラチュアが ひきのばされて いく

(ちゅうぎゅう)

ンデンティブ

この部分

コリント式円柱
うねるようなファサードまでも
中部の

ボッロミーニは 十字プランを新しい型式にした 設計者の新しい挑戦
入口からすべてがみえるということに 楕円を採用したと思う
いれパロラオンの影響と. それを視覚的にすべてを見せる. 結果と

⓪ 見上げの魅度、のたいして　11 → 月やでも見通むこと

① 天井高さが高く、その先に先がみえるが 全体がわからないこと

② 開口せかがなく 奥へつづいていること

③ 壁が効身的に感造出されてること

④ 天井が木で美しいこと

↳ 梁と壁が同じ巾

↳ スケールは空間から
　次めている感じ

↳ 機能から次立して
　いない

CH
4700

コンクリート梁

490

1000
?

390

□120×8

外へのがうス
内27℃

ベージュ

木

木270巾

160
1060, 上れる

☆ ゆるやかな路路!!

☆ 奥への光

☆ 空間の
　連絡小

☆層い壁

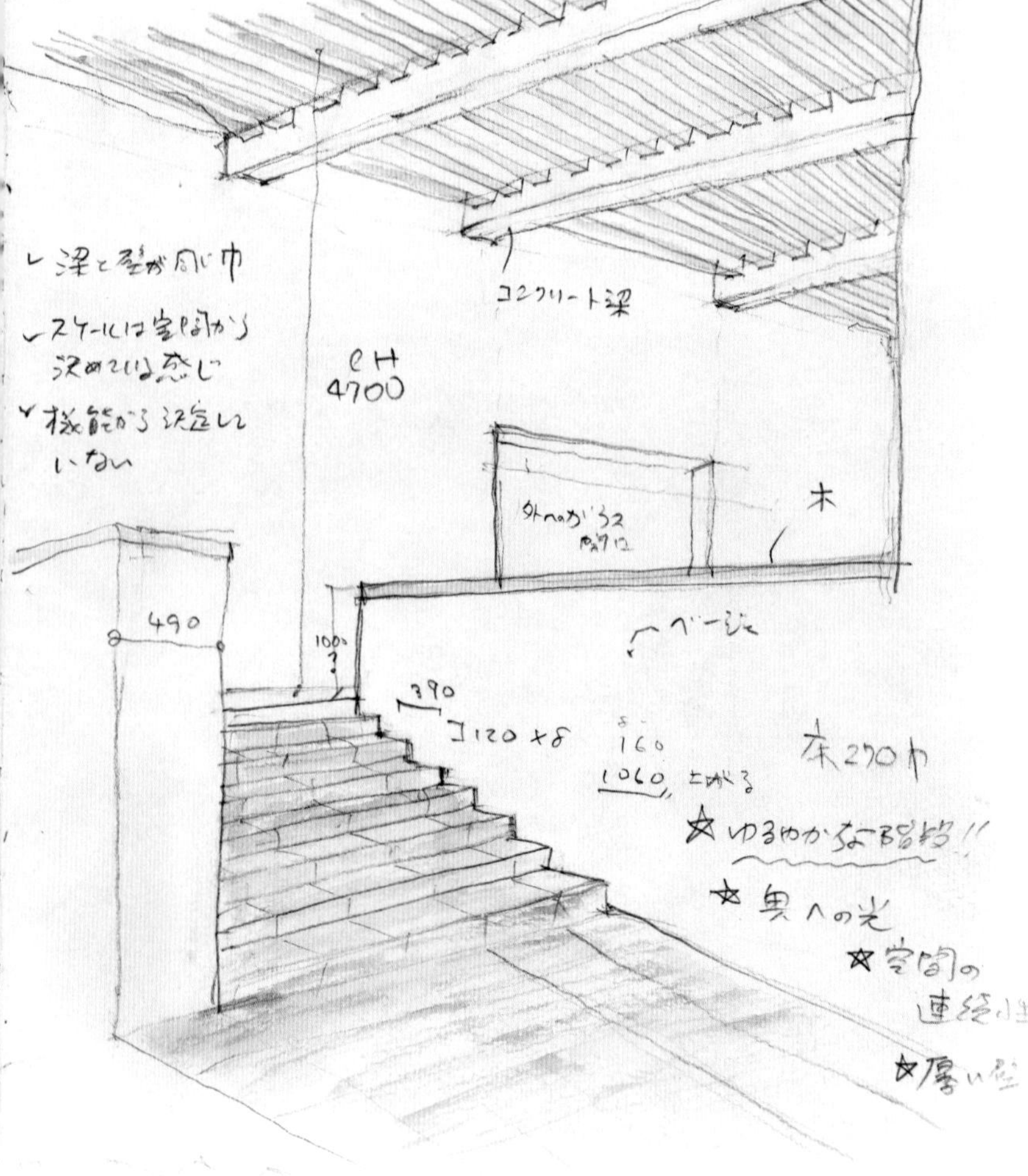

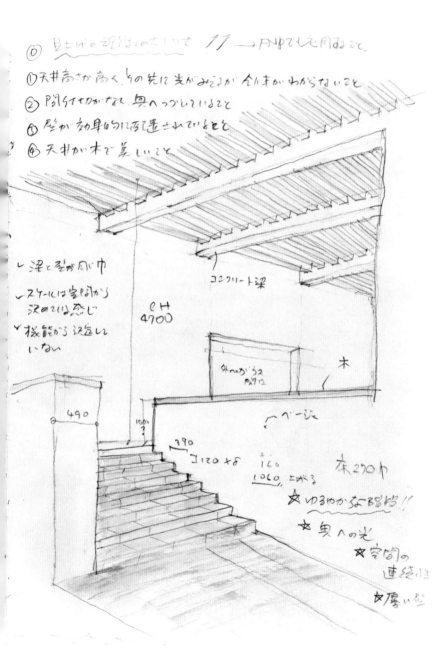

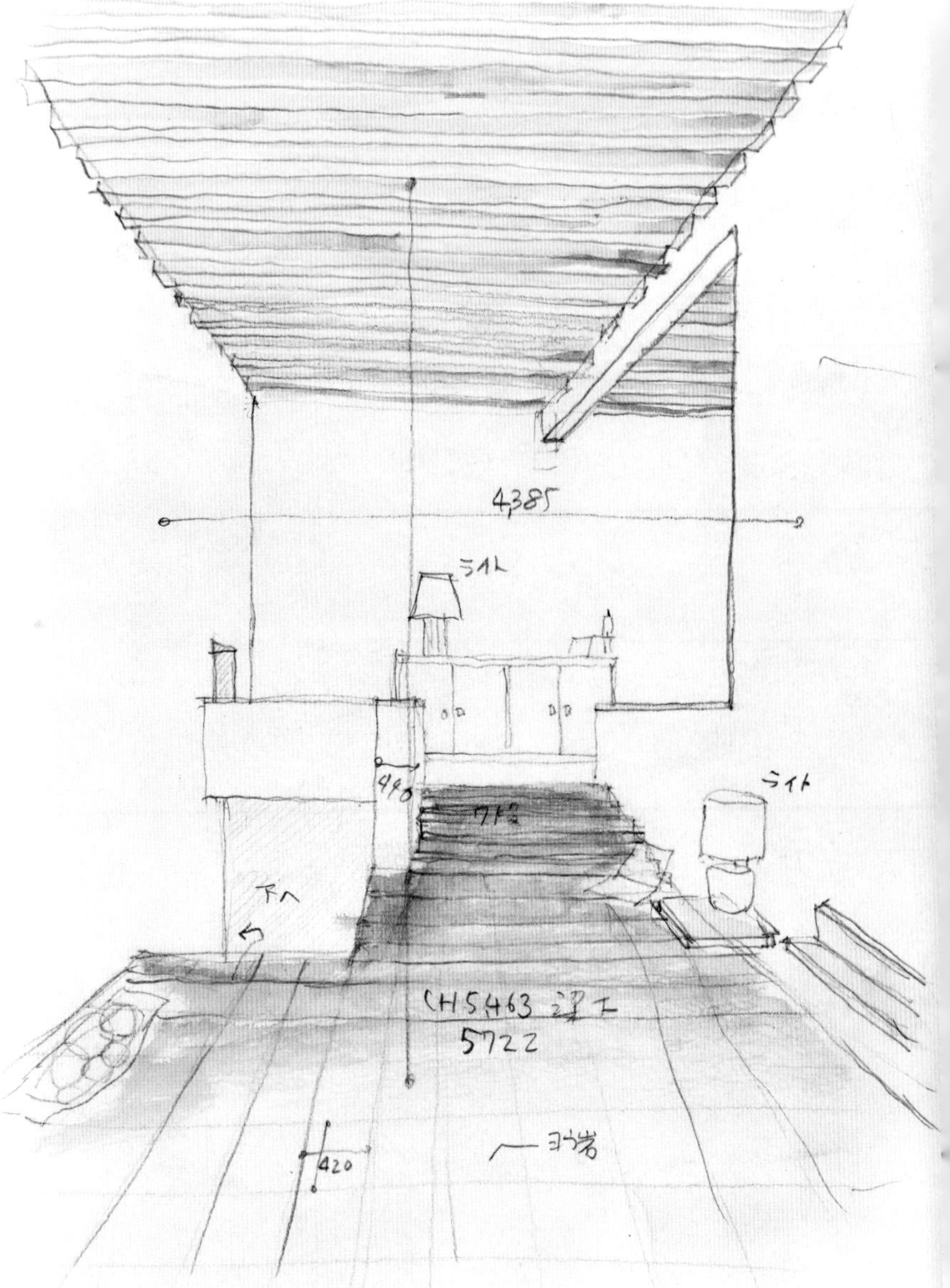

CASA PRIETO 1948

エジプト　神殿とお墓と王宮

西　東
死　生
ナイル

↓
カイロのナイル川の西
昔

墓地
- アマルナ
- アレクサンドリア　カタコンベ
- メンフィス

つくりかけだと税金をはらう必要がないので
みなつくりかけ

1896ミナハウス

イラン

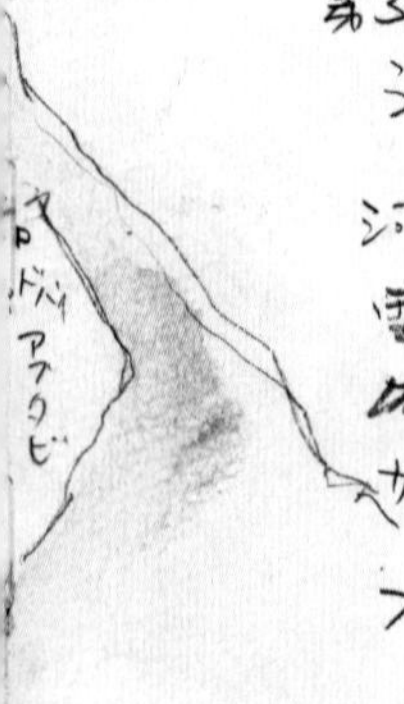

第3王朝
ジェゼル　イムホテップ　洞窟から屋根へ
雨ふらないのでフラット

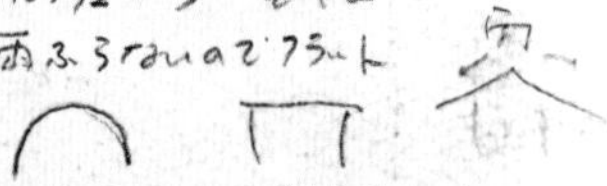

河谷キキリ落ちる大

雲ひとつない赤茶の大地　どこまでもつづく　ゆるやかな
[illegible] 丘がどこまでのつづいていく

↑日ぼしレンガ

サハラさばく

ファラオ時代
- 古　ギザメンフィス　石だんか　ピラミッド時代
- 中　エジプト　テーベ　ルクソール　ファユーム　日ぼしれんが
- 新

グレコローマン時代　ペトラ、リビア、イラク、イラン　シリア
アレクサンダー大王

イスラム時代　ヨルダン　モロッコ

外はさむい　乾燥しているからすずしい。街の様子はインドににている。下水道もなく、川もよごれている。ヤシの木はすべて[illegible]
ゴミひろいのリサイクルの人が多い

マスタバ 　セネフル
クフ　第1

カン
カイダン
マスタバ＋ピラミッド

2/29 6:00~ 地中海とナイル川

はじめに

建築は楽しい。
毎日、建築を設計しながら、心からそう思う。
しかし、建築は難しいと思っている人も多いようだ。
建築家になるには特別な能力が必要なのではないか、とも思われている。
では、建築家にとって、最も大切な能力とは何だろう?
人をあっと驚かせるような発想力?
それとも、デザイン力?
確かにそれらの能力はあるに越したことはない。

しかし、もっと大切なことがある。
それは目の前の世界に気づき、
身体全体で感じる力だ。
それを僕は観察する力と言っている。

なにも特別な場所に行く必要はない。
何気ない暮らしのなかで触れるもの、経験することに大きなヒントがある。

建築のヒントはそこかしこにある。
それをどう拾うか、どう感じるか。
誰にどう思われるかなんて関係ない。素直に、純粋に感じればいい。
それが、すべての発想のもとになる。

僕の父は大工だった。
かんなで木を削り、黙々と建てていく。その姿をよく側で見ていた。
小さい頃に育った岐阜の実家も、父が建てたものだった。

60年ほど経って床や大黒柱は黒光りし、畳に寝転がると、天井の杉の木目が飛び出してきそうで怖かった。室内は薄暗く、庭に目をやると、木々の葉が雨上がりに陽光の下でキラキラと輝いていた。

その場所は、僕の原風景だと言っていい。

今でも、時折その時の身体的な感覚を思い出すことがある。

これまで、僕は大学の校舎やオフィス、旅館など、さまざまな建築を設計してきた。

「ここに、こんな光が入ると気持ちいいだろうなあ」と考えるときも、不思議と子どもの頃に体感した感覚を追っていたりすることがある。

大学生になったとき、建築家を目指して東京に出た。

小さな田舎の町から出れば、もっと大きな感動があると思ったからだ。

しかし、一年で東京からわざわざ、岐阜の山を登るようになった。

東京に来れば何者かになれるのだと思ったけれど、そうじゃなかった。

岐阜にいるときには、目の前のものを観ていなかったのだ。

顔や性格が一人ひとり違うように、自分が心地よいと思える感覚も人それぞれだ。

一人ひとりの居場所を見つけられる建築をつくりたいと、僕はいつも思っている。

そのためにも、いろんな場所、建築を体験しておきたい。

だから僕はまず、行動する。

必ずしも遠くに行く必要はないんだ。

近くの気に入った場所を何度も訪れることもある。

朝のさわやかな光、茜色に染まる夕暮れ時。

同じ場所、同じ時間でも、季節が変われば、まったく違った表情になる。

そうやって、日常の何気ない体験が自分のなかに刻まれていく。


自然や気候風土、土地の歴史、デザイン、技術など。建築には、さまざまな要素がある。

だからこそ面白い。

しかし、忘れてはいけないのは、建築の中にいるのは人だということ。

建築の色や形ではなく、空間の中で行われる出来事、体験も大事なのだ。

本書では、僕が小さい頃から現在に至るまでのアタマのなかで考えていることを話していきたいと思う。

学生時代に夢中になった山登りの話など、一見建築とは関係ないように思えるものも多い。

しかし、そんなところにヒントはたくさん隠されている。

自分の好きなことから、発想を広げていけるんだ。

なんだか建築は楽しそうだ！

読み終わったときに、そう思ってもらえたら幸いである。

AM 11:00 ～　アユン川のほとりをトレッキング
ガイドなしで二人だけで行く

途中、農家の人と思われる人が、牛をみせてくれた。こっちに来いとかいって、道をすれ案内してくれたが、英語もさっぱり、バリ語?と思われ まったくわからない。

さらに、20mぐらいしか歩いていないのに、ガイド料金みたいなものを要求。

「ノーマネー」といったらあきらめて、今度は、サングラスをくれという。

そのあと、又、農民に会って「ここの作物は私がつくった」みたいな事を言っている。

アユン川へ下ると、つりをしている人が二人。

あと中国の人がボートで下ってきた。

目次

第2章
スケッチブックを携えて世界を観察する

第3章 ―― 「私」から、「私たち」へ

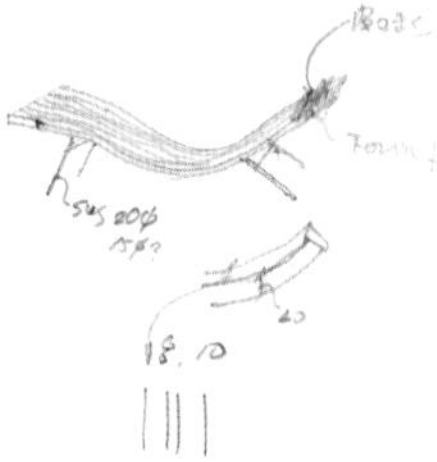

第4章

木と石、風と水、職人たちとの対話

第5章——心地よい居場所を探して

第1章　建築家は空想する

箱と場所

建築と聞いて、多くの人が〝建物〟を想像するだろう。それは正しい。でも僕は、原始的な建築は〝場所〟をつくることから始まったと考えている。

ここでいう〝場所〟とは、建物の中で行われる人々の営みを含めたものだ。箱だけがあり、人々に生きる力や恩恵を与えていなかったら、僕にとっては本当の意味での場所にはなり得ていない。

僕には建築は、建物など外側の〝箱〟だけではなく、〝場所〟であることが重要なのだ。

誰もが経験があると思うが、子どもの頃、僕は自分の居場所づくりに夢中になっていた。押し入れの中に気に入ったものを持ち込んでみたり、木の上に秘密基地をつくったり。みんな子どもの頃は、自分が心地いいと思えるもの、気に入ったものを純粋に追求していたと思う。そして現実と空想の狭間で心をワクワクさせていた。そのときは「誰からどう見られるか」なんて、考えていなかったはずだ。

僕も成長するにつれて、周りからどんなふうに見られるかを考えるようになった。

自分がどうありたいかということは脇において、周囲に合わせることが良いことかのように。だが、それは決して居心地が良くなかった。

建築も同じだ。外から見たデザインはもちろん大事なのだが、まずは内側の〝場所〟を考えることを大切にしている。つまり、この建築がどうありたい（あるべき）なのかを考えることだ。そのことが考えられていない建築は、やはり居心地が良くない。

20世紀を代表するアメリカの建築家、ルイス・カーン[*1]はこう言った。

「一本の大きな木があり、そこに話す人がいて、聞く人がいれば、それが学校である」と。それが学校の始まりだと言った。まさしく、「建築のはじまりとは〝場所〟である」ということを伝えようとしている。木の下で人間と人間によって学びという活動が行われ、やがてその活動を包み込むような箱ができた。それが学校という建築だったわけだ。先に建物があるのではない。自然に人々が集まってくる木のような、人と人をつなぐ〝場所〟が必要なのだ。

＊1　ルイス・カーン
Louis Isadore Kahn, 1901-1974年。アメリカ人建築家。ロシア帝国（当時）のエストニア地方に生まれたが、ユダヤ人の両親はのちに渡米し、一家はフィラデルフィアに定住した。20世紀を代表する建築家・都市計画家の一人。公共建築を中心に実績を積み、その後大学の研究棟や美術館などさまざまな建築を手掛ける。代表的なものには、カリフォルニア州ラ・ホヤのソーク生物学研究所、キンベル美術館（以上アメリカ）などがある。

もう一つ例を挙げたい。僕が好きな絵に、江戸時代前期の狩野派の絵師、久隅守景《くすみもりかげ》が描いた「納涼図屏風」というものがある。この絵のことは彫刻家で大学の先生だった吉江庄蔵先生が教えてくれた。ここに描かれている絵に、僕は究極の建築を見た気がしている。といってもこの屏風絵には、建築はほとんど描かれていない。竹の柱が四方に立てられ、夕顔を這《は》わせた天井、ただそれだけ。でも、その中にいる家族がとても幸せそうに見える。あくまでも人がどう生きていくことが幸せなのかが大切であって、非常に質素な竹の柱と夕顔の天井だけでも、豊かな場所をつくることはできるのだ。

僕はこの絵に、建築はこのくらいシンプルでもいいのだと教えられた。

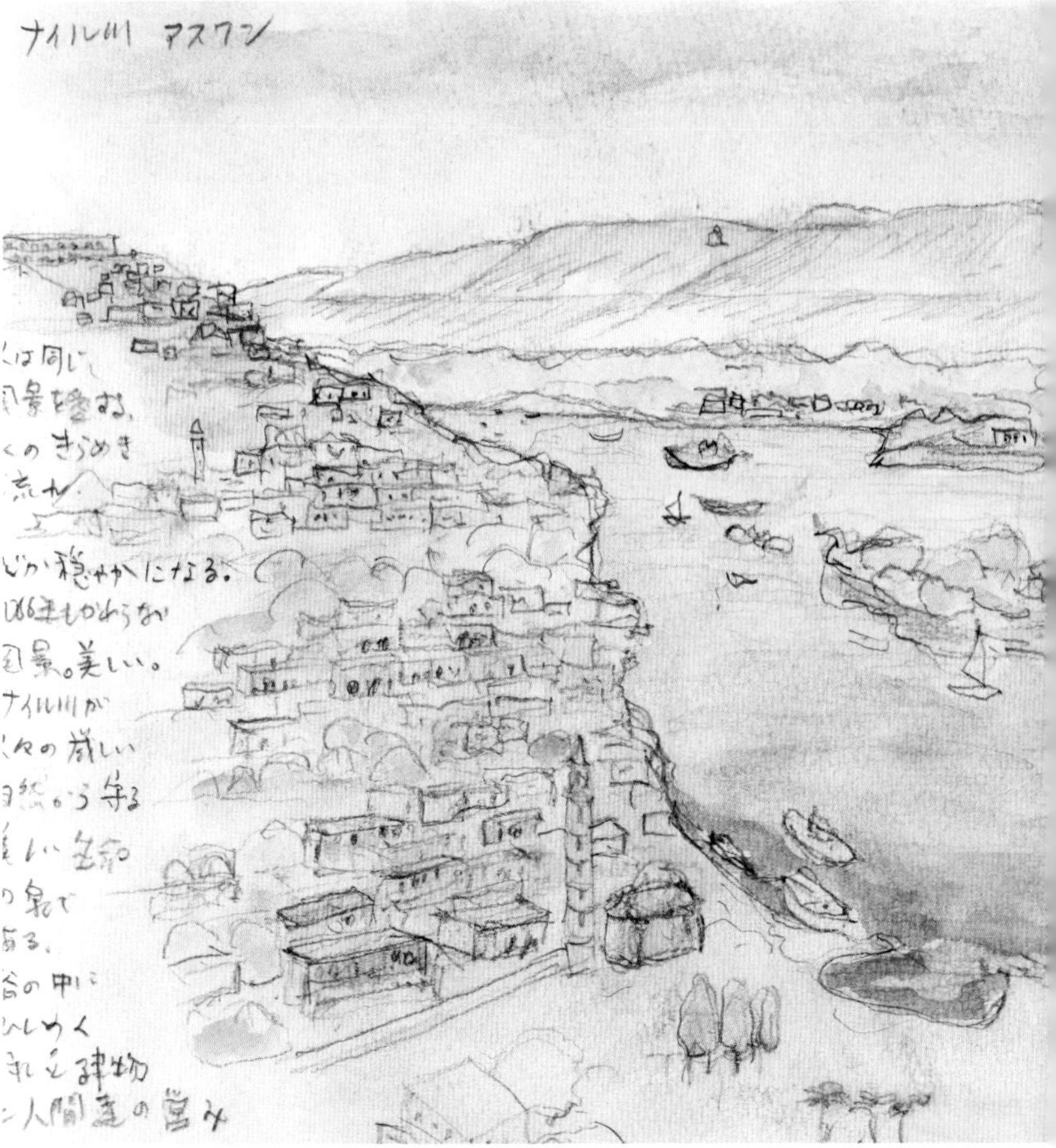

高台よりナイル川沿いの街アスワンをのぞむ

建築家の仕事は場所をつくること

〝場所〟は建築の中だけにあるのではない。建築の外、その周辺やもっと広い範囲で町や都市の中にも、その建築の存在によって場所が新たに生み出される。

日本に槇文彦[*2]さんという建築家がいる。東京の代官山の風景をつくるヒルサイドテラスを設計した建築家だ。

彼は、建築とは〝無償の愛〟だという。槇さんがヒルサイドを訪れた時、とあるカフェの一席に老人の牧師が座っていた。翌日も行ってみると、同じ席に座っている。その翌日も。彼はいつも同じ席でワインを飲んでいた。

その牧師は家でワインを飲むことを選べるのに、わざわざ都市に出て過ごしている。つまり、みんなの中に自分一人の場所がある、ここが心地よい、自分の居場所だと思える場所を都市の中に見つけているということだ。

愛のある建築とは「あなたはここにいてもいいよ」と言ってくれるものなのだと思う。一人ひとりの居場所があり、それを自らの意思で選べるということ。それを肯定してくれるのが、建築のあるべき姿だと考える。

＊2 槇文彦（まき・ふみひこ）
1928（昭和3）年－。東京大学工学部を卒業後、アメリカに留学。ハーバード大学デザイン大学院修士課程修了。帰国後は教育施設や公共施設などさまざまな建築を手掛けた。文化功労者。日本芸術院会員。代表作には代官山のヒルサイドテラスがあり、2000年の日本建築家協会25年賞に選ばれている。

大事なのは、建築の中にも都市の中にも、自分の居場所を見つけられることだ。大勢でいてもいいし、一人でいてもいい。その建築があることで、あらゆる人の救いになるような場所ができることを僕は願う。

そうやって、地球上のどこでも人々の居場所になれば、それがいい建築や都市になるということだ。

東京には、ぼーっとできる場所がもっとあってもいい。例えばマンションは同じような間取りだ。合理的ではあるけれど、あらゆる人を受け入れる場所にはならない。人それぞれ生き方、考え方、感じ方も違うというからもっと多様な空間や〝場所〟を少しでも多くつくることで、誰かの居場所を増やしていければと考える。

イタリア北東部の街パドヴァにあるサンタ・マリア・デル・カルミネ教会

Cattedrale di
St Maria Assunta in Padova, D

Battistero di San
Giovanni Battista

愛のある場所

僕もやっぱり建築には愛が必要だと考えている。世界中を旅していると、それを強く感じる。

イタリアのパドヴァには「ポルティコ（柱廊）」と呼ばれるアーケードがある。それは日本のように道路にアーケードをつくっているのではなく、建物を後ろにセットバックさせて、私有地を街の人々に提供しているのだ。おかげで通行人は雨に濡れることなく街歩きができる。各パラッツォ（邸宅）が競い合うように美しいデザインを街に提供する。長きにわたってつくり上げられた美しく壮麗な景観に、無償の愛を感じた。そして、市民はそれを誇りに思っているはずだ。その美しい関係性は、ヨーロッパを旅していると、いろんなところで出会う。ヴェネツィアで、ヴェローナで、そして名も知らない小さな街でさえも。その街に住む人は、その街を、建築を誇りに思っているのをひしひしと感じる。愛と誇りに満ちた〝場所〟。僕も、そんな建築をつくりたい。

建築には必ず使う人がいて、暮らしのなかで使われてこそ、本領を発揮する。例えば住宅なら、住む人が帰りたいと思える場所、家族が生き生きとする場所、生活のなかでふと「光が素敵だな」とか「風が心地よいな」とか「楽しいな」とか、ささやかな喜びを感じられること。そういうプリミティブな感覚が、本当に大事なことだと思う。

僕は、建築を使う人たちに心から喜んでほしい。雨露をしのぐためだけでなく、愛を感じられて、居心地が良いと思える居場所。

階段井戸

僕が考える建築においての〝場所〟という意味を説明すると、インドの階段井戸というものが思い浮かぶ。

地下へと真っ直ぐに続く階段は下のほうが暗くなっていた。何層にもなるオープンな回廊の地下空間があって、その地下空間はたくさんの列柱で支えられている。神聖な地下都市へ続くような長く下る階段のいちばん下には井戸水が蓄えられていて、下りれば下りるほどひんやりとしている。暑い外とはまったく別世界だった。

階段井戸は、僕が想定していたものとは大違いだった。垂直に掘って効率的に井戸をつくるのではなく、建築になっている。七階建てのビルがそのまま階段状に地下につくられている。

なぜ井戸をここまで巨大にする必要があったのだろうか。ただただ圧倒される大階段の空間が、地下から溢れる水を神聖なものへと高めていた。水の大切さを伝え、またその場所も多くの人たちが利用できる場所になる。井戸という機能的なものが機能以上の場所となっている。かつて人々がここに集まって水を汲んだり涼を楽しんだりしている風景が目に浮かんだとき、階段井戸をつくろうとした人々の思いが分かったような気がした。水を汲むという機能を超えた場所が生まれている。

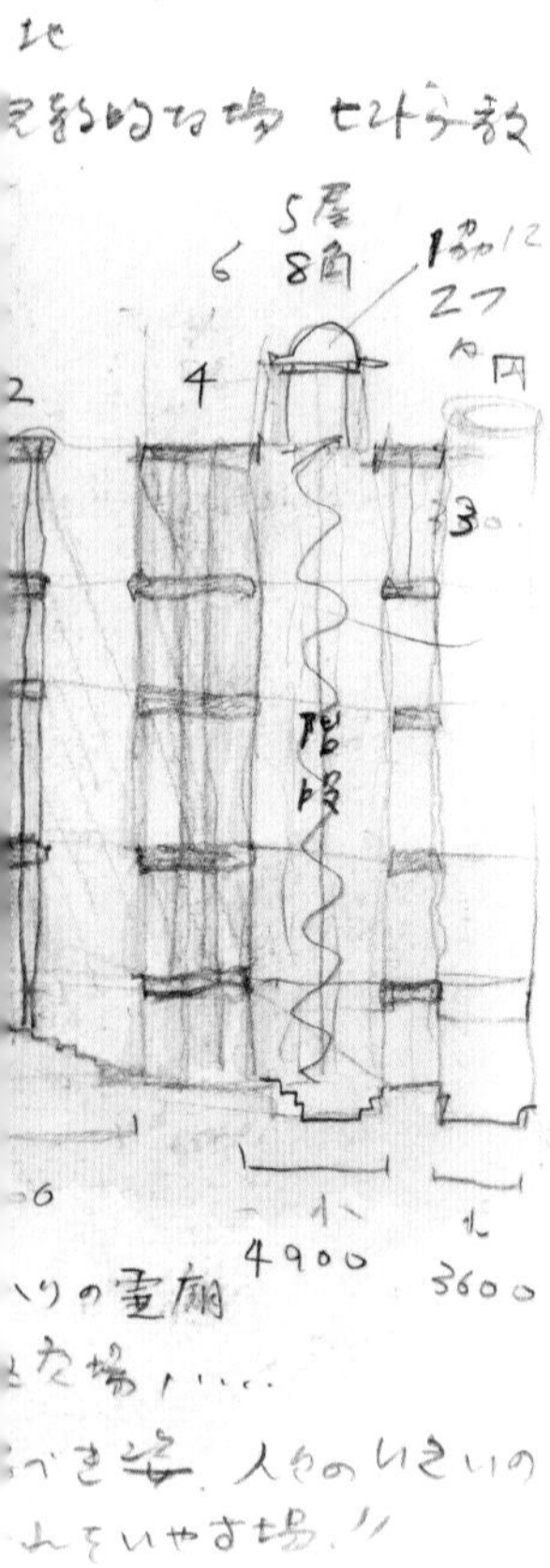

インドで見た階段井戸の構造。グジャラート州にある
「女王の階段井戸」は世界遺産に登録されている

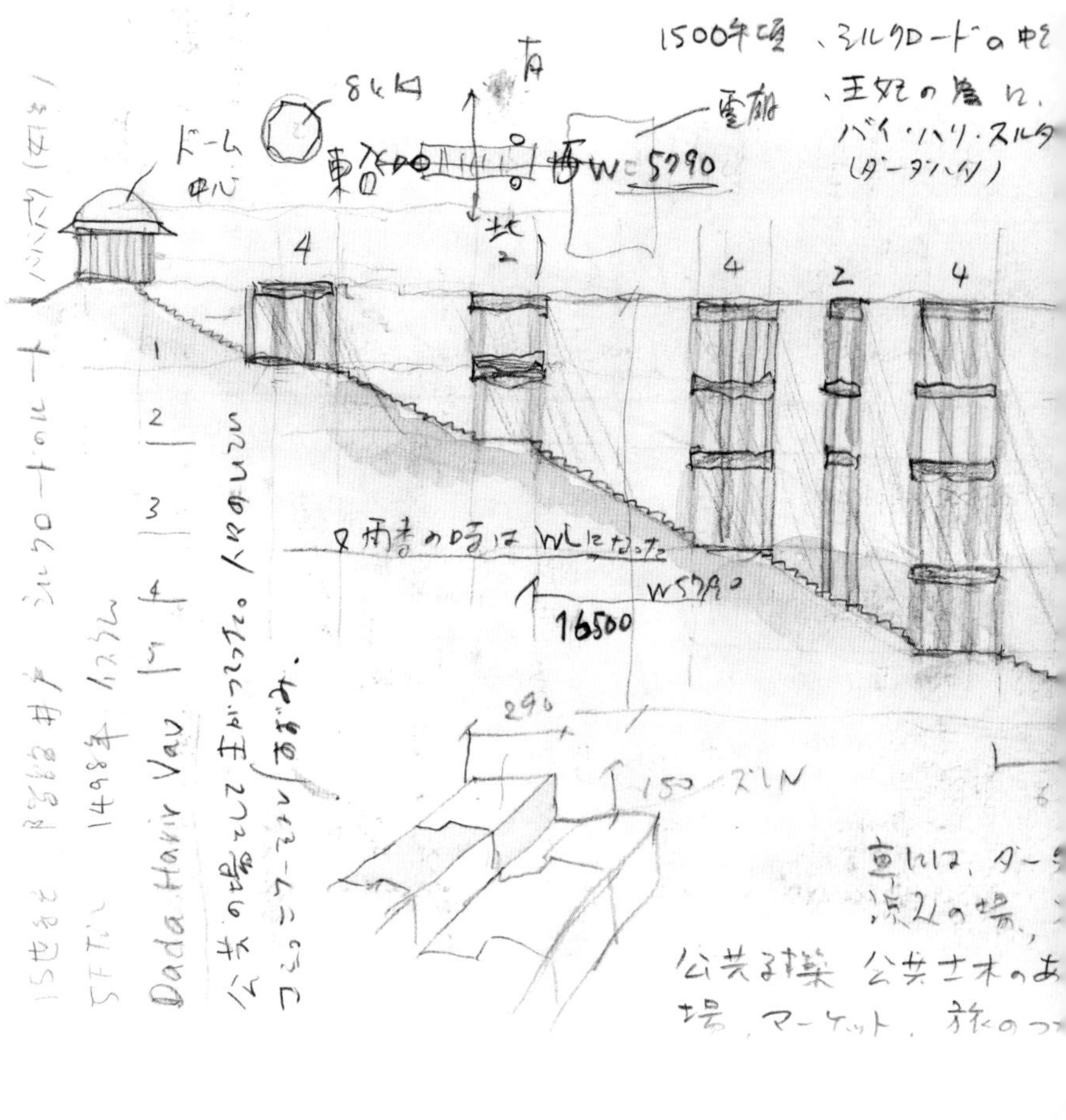

階段井戸は季節によって、水位が変わる。雨が多い日はたくさん溜まり、雨が少ないときは少なくなる。何層にも積み重なった列柱によって水の深さを知ることができる。

エジプトにも「ナイロメーター」というナイル川の水位を測る施設があった。それによって人々の暮らしや作物の出来具合を予測し、人々からどのくらいの税金を取るかを決めていた。自然との密接なつながり、井戸は今も昔も神聖な場所である。

日本には、井戸端会議という言葉がある。井戸のそばで人々が集まって話し合っていたり、おしゃべりをしたりすることだ。近代化によって電気ポンプで水を簡単に汲み上げることができるようになった。さらに便利さを追求し、蛇口をひねると水が出てくるようになり、人々はこのことに大喜びした。

人類は常に進歩し、新しい技術や機械によって暮らしを豊かにしてきた。でもその一方で、階段井戸に見られるような水そのものを神聖に感じたり、水を通して語り合ったりする場所がなくなってしまったのも事実だ。そうすると水のありがたさや、命の源としての水の神聖さも薄れていく。次第に人々は、水が汚れていても誰かがきれいにしてくれるだろうと思うようになってしまった。

人間にとって、場所の存在はとても大きい。

空想する力

建築家にとって大切なのは、空想する力だと僕は思う。建築家の仕事とは空想を原動力に、みんなの思いや願い、夢をカタチにしていく仕事だ。

なぜ建築家に空想力が必要なのか。建築の設計をする際、解決しなければいけない課題やクリアしなければならない条件は無数にあり、法規（建築の法律のこと）も当然ある。そのうえで、人々の夢や思いを重ねていく。ともすると、課題や問題解決に注力してしまいがちだ。でも課題解決だけでは、機能的なものはつくれても、人を感動させられるものはつくれない。また、みんながいいと思えるような、多数決のようなものを目指して機能的に優れた建築はできても、人を感動させるものはできない。すべてを超越したうえで人を感動させられる〝場所〟をつくるのには、空想力が必要だと思っている。

空想と想像には違いがある。空想には変態さがある。この言葉を誤解しないでほしい。辞書を引いてみると、変態の言葉の意味の一つに――普通と違う状態。一般的な感覚からかけ離れた趣向・方向性という意味で肯定的に用いられる場合もある、と書いてある。僕が言いたいのは、この辞書にあるように、自分の感覚や欲求、衝動を純粋に、貪欲に追い求めていくことだ。

空想は時として、人に話すのは恥ずかしいようなものも多分に含む。僕は小さい頃、木の上に登ってよく空想に耽《ふけ》っていた。空想の世界では木の上はお城であり、そこには王様の椅子があった。音楽も流れていたし、僕はそこに王様気分で座っているのだ。木の上は僕にとって何を空想しても許される場所だった。そのとき僕はどんなことだってできると心の底から信じていた。

エジプト人の偉大な空想力

初めてピラミッドを計画した人は、いろんなことを空想したに違いない。そして実現することを強く願った。そうじゃないと、あんなに大きなものを紀元前に人の手でつくるなんて、できるわけがない。エジプトでピラミッドを見たとき、素直に感動した。これを人間がつくったのかと。空想力が成し得た建築というのは、たとえ何千年という時代を経て、建物自体は風化したとしても、当時の人々の思いや夢がそこに残る。そして、多くの人々を感動させるのだ。

空想力は、誰にでも備わっている力だと思う。

誰しも子どもの頃はよく、大人からすると「なんでそんなことを考えるの?」と思うようなことを考えて

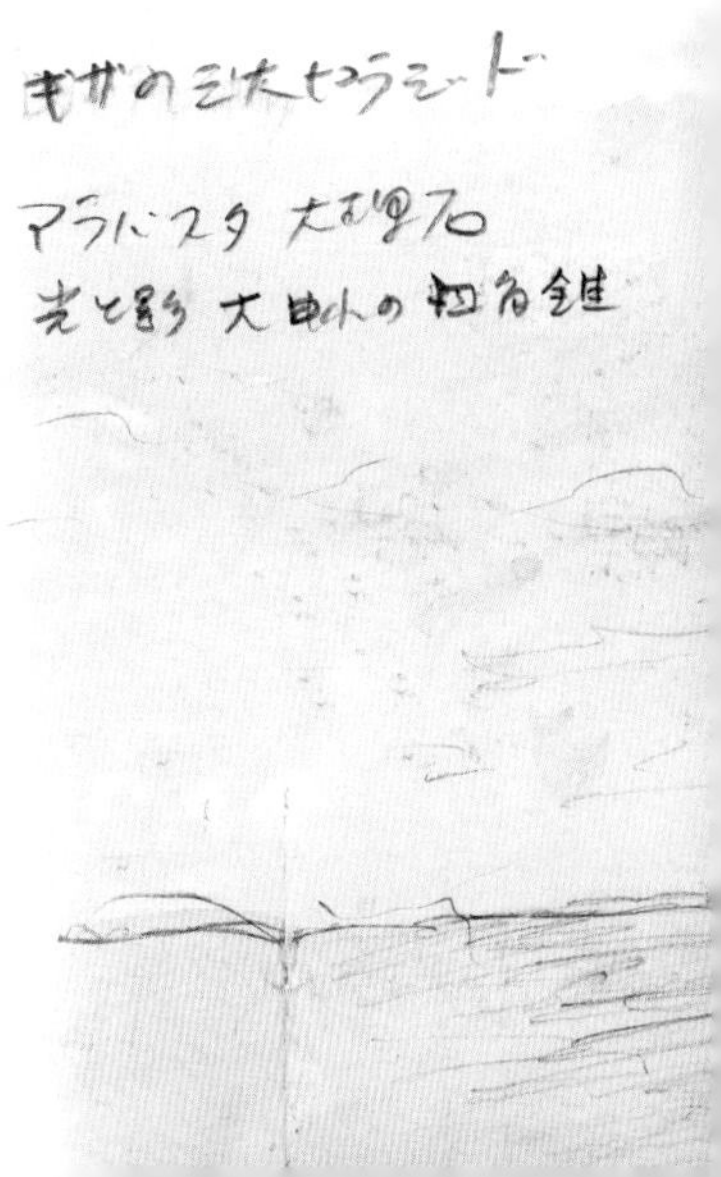

エジプト・ギザのピラミッド。古代エジプト朝のクフ王の墓とされるため、クフ王のピラミッドとも呼ばれる

いたのではないだろうか。それが恥ずかしいなんて、微塵《みじん》も思っていなかったはずだ。自分の欲求に素直に従い、空想を膨らませていく。しかし、大人になると先に頭で考えてしまい、人の目や評価を気にするようになり、馬鹿馬鹿しいと思われるような空想をやめてしまう。

空想の根っこにあるのは、とても個人的な欲求や思いだ。想像力とは、目には見えないものをイメージする力のことだが、それだけでは常識の範疇《はんちゅう》を超えることはない。しかし空想力は、想像力を軽々と超えていく。だから、人に「なんでそんなことを考えるの?」と言われることだったとしても、僕はその空想を否定しない。

でも、合理化や効率化を求め過ぎると不合理に思えたり、突拍子もない空想はネガティブにとらえられたりして、少しずつ排除されてしまうことはもったいないことだ。僕はそれに違和感を覚える。空想力というとても個人的なものは、その人にしかできない建築をつくる原動力になる。

空想の根っこを探す

僕が建築を考えるときの空想はいったいどこから来ているのだろう。根っことなっているのは、とてもプリミティブな感覚だと思う。どこかの風景を見て美しいと思ったり、人やものに触れて親近感を覚えたり。どんなものにどんなふうに感じるかは本当に人それぞれで、それらに理由はない。いいと思うからいいのだ。そう感じるのは、DNAがそうさせるのかもしれないし、小さい頃に見て感じたものが深く心に刻まれたものだったりする。

僕の空想のルーツや原風景は子どもの頃の記憶や体験が原点にある。

僕の父親は大工の棟梁だった。生まれ育った岐阜にある築65年の実家は父が建てたもので、室内は薄暗く、広縁《ひろえん》*3越しにキラキラと輝く庭を眺めていた。大黒柱は黒光りしていたし、夜寝るときに天井を見上げて、木目が動き出しそうで怖いなと思っていた。

岐阜の田舎だったから、周りは田んぼだらけだった。近所に同年代の子どもも少なかったから、いつも遊び相手は柴犬のシロだった。春はレンゲ畑で一緒に駆け回

＊3　広縁（ひろえん）
通常よりも奥行きのある縁側のこと。

り、レンゲの布団の上に寝転がると空とレンゲ以外何も見えず、そのなかに一人と一匹でいてもまったく寂しくなかった。むしろ孤独の心地よさを味わっていたように思う。

父はよく、僕を古い神社仏閣に連れて行ってくれた。福井県の永平寺では立体的に続く伽藍《がらん》*4配置や急ならせん状の回廊に圧倒されたし、比叡山延暦寺の暗い根本中堂にある、1200年以上も灯し続けられている「不滅の法灯」には子どもながらに心を震わせたことを覚えている。

幼い頃に全身で体感したこれらの経験は、強烈な記憶として僕に刻まれた。住んでいた頃は気にもかけなかったが、今になって「実家の書院の建具やぼんやりと光る床の間の感じが良かったな」とか、「あの木の上で僕はどんなふうに空想し、どんな感覚を味わっていたのだろうか」など、さまざまなことが気になり、思い出すことがよくある。育った土地や風土、文化、家族は僕のアイデンティティを育て、切っても切り離せないものになっている。

＊4 伽藍配置
仏寺には本堂や塔の配置についての決まり（様式）があり、これを伽藍配置という。伽藍とは元々修行をする場所のことを指すサンスクリット語から来ていて、徐々に寺院の建物を総称的に指すようになった。

多かれ少なかれ、誰しも忘れられない記憶や感覚がある。子どもの頃はまだ真っ白なキャンバスのようなものだから、自らの感性をゆさぶった記憶や体験が強く心に刻まれる。大人になると忘れてしまいがちだが、今も心の奥底に眠っていることがある。

ある景色を見て感動したり、何か物事に違和感を覚えたりする。そう感じる原点は自分のなかにある。それらをなんとなく流してしまうのではなく、一つひとつ丁寧に紐解いていく。子どもの頃にわけもなく好きだったもの、強く惹かれたものなどを探っていくと、空想の根っこのようなところにたどり着く。

鐘の音

実家に帰ったとき、お寺の鐘が鳴った。まだ布団の中だけど、なんともいえない心地よい音だった。ゴーンと何度か鳴り、半分目が覚めて、あったかい布団の中でぼーっと音を聞いていた。何時だろうと思って布団の中からスマートフォンの時計を見ると5時半だった。音が鳴り止んで、また眠りに就くと6時頃にまた違った音色の鐘の音が鳴った。ああそういえば僕の村には2つお寺があったなあと、長い間住んでいた僕にとって当然だったことを、しみじみと思い出した。

その時にふと涙が出てきて、懐かしいような今の自分が大切なことを思い出したような、違う人間になってしまったのかなといった寂しい感情が襲ってきた。小さい頃のお寺のことや毎日の朝のことが、急に脳裏に蘇ってきた。同時にいつからこの音は鳴っているのだろうかと思った。数カ月ぶりに戻ってきた実家は、昨年父が他界したので今は母しか住んでいない。

朝ご飯を食べながら母に質問してみた。「何言ってんの？　365日毎日同じ時間に鳴っているのよ。除夜の鐘以外は」。そうか――毎日同じ時間に鐘が鳴っていたと思うと、僕が生まれ育った時間、この音は身体に染み付いていたんだと理解した。東京で住んでいるところには、お寺はあるけれども鐘は鳴らない。もう東京に住んでいる時間のほうが長いのだが、身体に染み込んだ音色は、記憶とともに覚えているものだと思った。村全体に5時半と6時に決まって鳴り響くこの鐘の音は、僕にとってアイデンティティなのかもしれない。別に熱心な仏教徒でもないけれども、この鐘の音は心が休まるし、命の始まりを感じる。ああ、なんだか鐘の音に守られているな。同じ毎日が始まるな。今日も世界が動き出したな。自分より先に、それを知らせてくれる人がいるな、ありがたい。いろいろな感情がこの音とともに蘇る。

でもインドネシアのジャカルタに数週間滞在したときには、朝早く同じ時間にコーランが街中に響いて本当にまいった。ホテルの窓から見えるミナレット[*5]のスピーカーから鳴り響く大きな人の声は、無理やり眠りから叩き起こされるような大きな音だった。けれども、不思議と数週間その音を聞いているうちに、自然と慣れてしまった。むしろああ、また毎日が始まった、と思ったほどだ。

モスクの内部で聴くコーランもお寺の本堂で行われた日曜学校のお経も、宗教は違えども音という力で、建築と人間と別の創造的な神様の世界が響き合っている。音もまた人々を包み込む要素であると同時に、僕の心地よい感覚を形づくっている。

＊5 ミナレット（Minaret）
イスラム教の宗教施設に付いている塔をミナレットと呼ぶ。この塔からイスラム教徒に対して礼拝（サラート）を呼び掛けるアザーン（礼拝の呼び掛け）が流れる。

木登り

僕が生まれ育った家の窓からは、田んぼを挟んでお寺が見える。

そのお寺には大きな椎の木があった。椎の木は斜めに生えていて、腰掛けたり登ったりしやすかった。だから学校から帰ると、よく木登りをして一人で過ごしていた。椎の木は枝がねじれるように分かれ、隙間ができていた。そこに潜るとちょうど小さな部屋のようになっていて、自分の身体がすっぽり入るので、ちょうどいい隠れ家になった。

最初は、自分の集めた化石やコインを隠していた。誰も知らない自分だけの空間だった。そのうち土を運び込んで、コスモスの花を植えた。そうするとますます自分の場所になった。

そこから見える風景は田んぼだ。

鏡のようになる、紫色になる、金色になる。さまざまな色をもつ。金色の田んぼは波打って丘のようにもなる。そんな風景を見ながら、僕の頭の中には西洋の城が見えていた。もちろん、実際は存在しないお城だ。その椎の木の、小さな一人だけの包まれた場所は、どんなことも空想できる場所だった。

あるときクラス全員で音楽室に集まって椅子に座ってクラシック音楽を聴いたとき、なぜかこの音楽はあの風景に流れている音楽だと気がついた。そうしたときに、風に乗って黄金色の丘の上にそびえる城の内部に入ることができた。そこには、大きなバルコニーから入ることができた。

この不思議な経験は、いまだに強烈だ。その城の中は誰もいなくて、大きな天井の広間からバルコニーに出ると見えるのは、いつまでもどこまでも続く黄金色の丘だった。

今思うと、自分で体験をつくり出していたのだろう。このことを経験してから、そこにいることで外を空想できる場所をつくりたい、そして空想した空間そのものをつくってみたいと思うようになった。

その後、図工の時間に紙粘土とビール瓶とアイスクリームのカップで、真っ白なお城をつくった。そのときは自分が王様になったような気分だったし、大工の棟梁の気分でもあった。

誰のものでもない。自分だけのお城、自分が黄金の丘に音楽とともにそびえ立つ城、そこに入り込んで、どこまでも続く黄金の外を眺めたい。

僕の建築は、すべてそんな空想から始まっている。

中央に火の玉
バナナの木にさしている

フランス プロヴァンス地方にある
中世の町ゴルド（Gordes）の風景

NEFERTARI　TOMB OF　一番美しい女性

水が墓に入らないような場所につくる

王やファラオは神々とつながることが出来た

ラムセス2世の妃 15才以下　AMONCHOPESHEF

ピラミッドは自然の山になる。

白いアラベスクのスカラベを購入

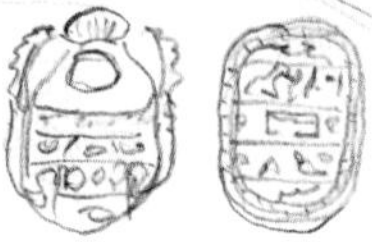

5$

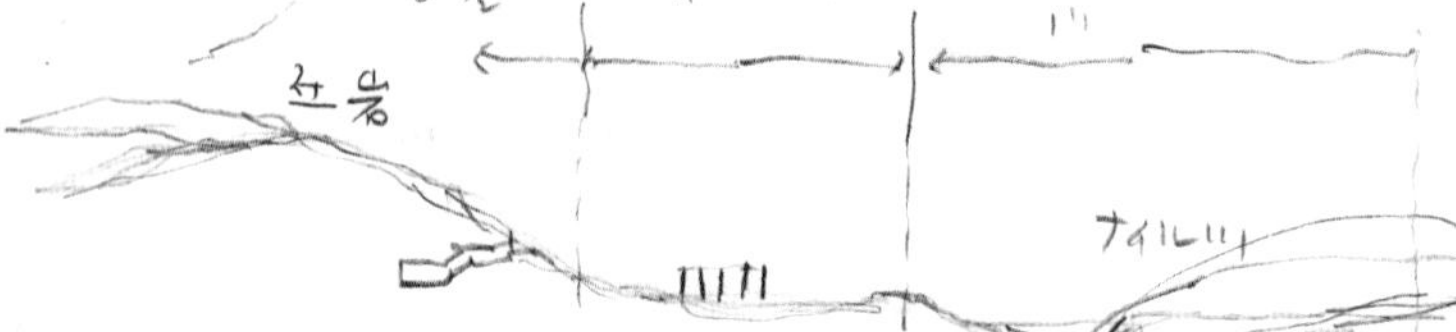

スタッコ

ネフェルタリの姿は美しく透明感がある。衣服は、美しくみせる為の物ということがわかる。すべてがデザインされている。つまりデザインとは、美しさ、強さ、永遠性を示す力である。時間、空間は、形を決定していく。又、植物パピルスが柱の象徴になっているのはコンセプトである。

美しいメイク

透ける洋服

目が大きい

Nefertari

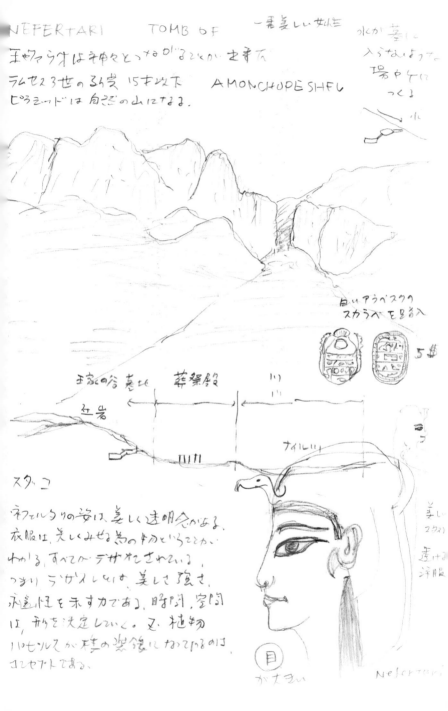

第2章

スケッチブックを携えて世界を観察する

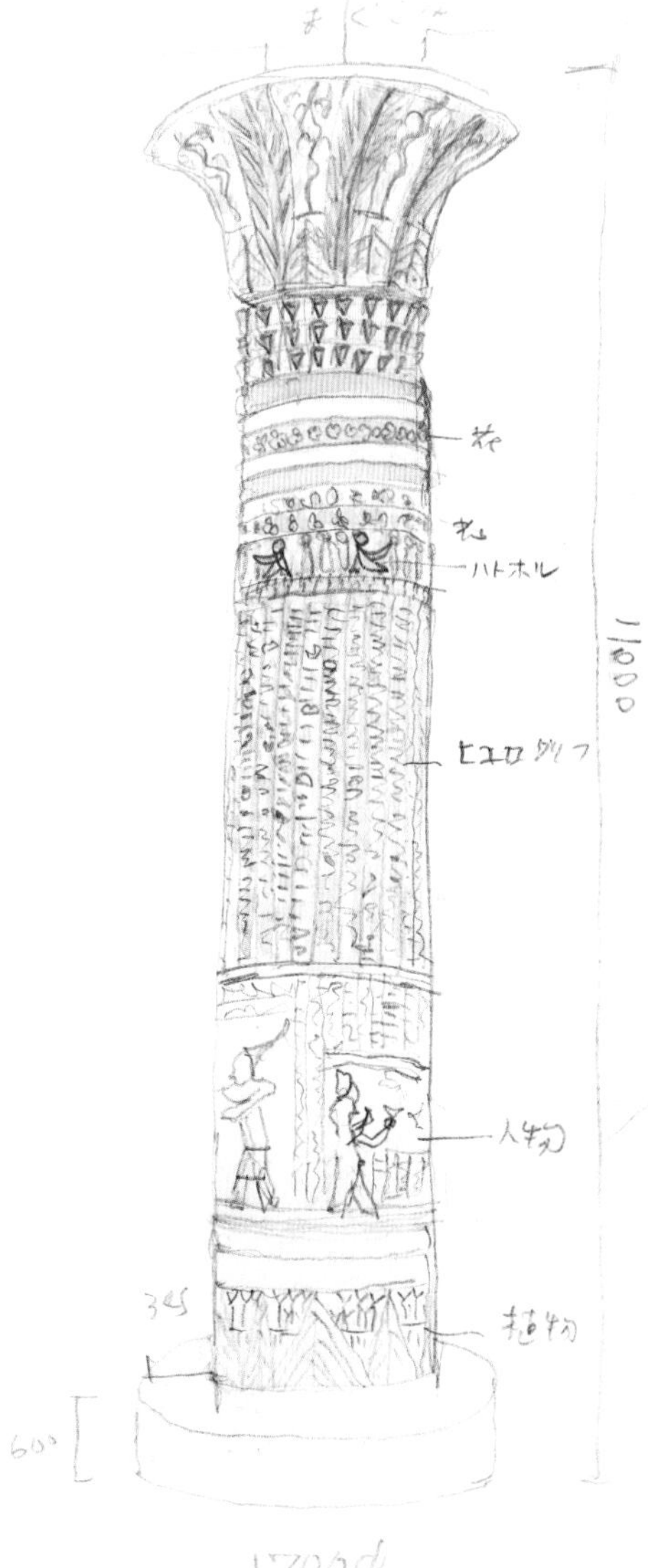

中庭と白夜の光

以前、妻と娘と南フランスにある小さな修道院に行った。その修道院は人里離れた谷にあり、ひっそりと建っていた。

中央に中庭、その周りには回廊があり、そしてさらにその周りには大小さまざまな部屋があった。近くで採れる石でできていて、修道僧たちが自ら刻んで建設したものだった。敷地が斜めなので、庭の回廊に寄り添うようにして階段がある。中庭の回廊に立つと、石造りの分厚い壁によって中庭は見えない。

しかし、そこからは光そのものの存在が感じられた。

光がアーチの窓から回廊を照らす。石造りの壁が影をつくる。室内はちょうどよい静けさだった。

まだ幼い娘は、石でできた床や壁を感じようと靴を脱いで回廊で跳びはねていた。娘はその建築の意味も、中庭のことも分からず、ただ床や壁にできた光を追い掛けていた。

中庭は、中庭という機能のためだけに存在するのではない。中庭は光を受け止め

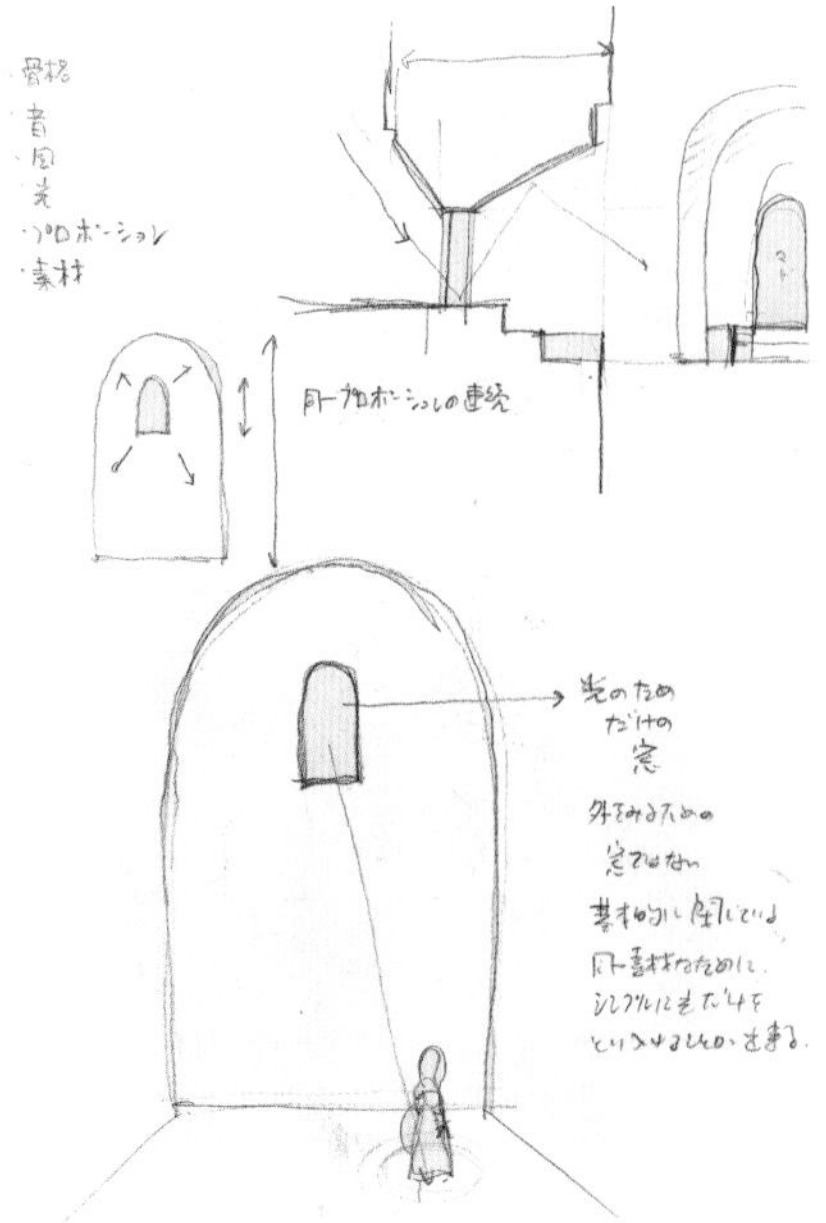

光を取り入れるためだけにつくられた修道院のアーチ型の窓

中庭から差し込む光と、アーチ状の回廊の中の影の間を裸足で歩く娘。石造りの廊下はゴツゴツしてひんやりと冷たかったに違いない（著者撮影）

る器だと思った。中庭が見えないことで、光そのものの存在をより感じられるのだ。見えないからこそ見えるものもある。光と影の存在にも近い。光は影と同時に存在するから互いの存在に気がつくことができる。

光はどこから来るのか。

人間は、本能的に光を探す。光は闇があるから感じられる。

北欧に行ったとき、子どもが横から差す高度の低い白夜の光を感じ、どこまでも続く樹林に向かって走り出した。

その姿を見て、真っ直ぐに伸びる木々とびっしり茂る地被類植物の中に、横から伸びる光に向かって永遠に走りたくなるような場所をつくりたいと思った。

家族で訪れた南フランスの小さな修道院

見たこともないのに懐かしい風景

いろいろな国や場所に仕事で行くことがある。

初めて見た風景なのに、なぜか懐かしく感じることがある。

もしかしたらＤＮＡにある人類の記憶がそう感じさせるのかもしれない。また、懐かしいものを見たり、曲を聴いたりした時も、自分は何かを創造したくなる。

そんなときはブルッと武者震いして、さあ、つくれと自分で自分を鼓舞する。


強烈に懐かしいと感じたのは、四国の牟礼《むれ》にあるイサムノグチ[*6]庭園美術館だった。

そこに一つの蔵があった。その蔵には大きな引き戸の扉があって、それを開けると真っ暗な空間のなかに見たこともない黒光りする大きな大蛇のような彫刻があった。その上方の障子窓から光が差し込み、目も慣れて空間が徐々に見えてくる。そのとき、不思議と懐かしいと感じた。それまで一度もここに来たことがないのに。

その感動を捕まえたいと、僕はスケッチを描いた。夢中で描いた。なぜ懐かしいと思ったのだろうか。僕の住んでいたところにはそういった蔵がたくさんあったからだろうか。もしかすると蔵を開けるときのドキドキした感覚や、中に何かいるよ

＊6 イサムノグチ
イサム・ノグチ Isamu Noguchi, １９０４年‐１９８８年。日本名野口勇は、米国出身の日系米国人。彫刻家で造園家、作庭家、インテリアデザイナー、舞台芸術家と幅広く活躍した。イサムノグチ庭園美術館はノグチが米国と日本を行き来するなかで、牟礼にアトリエ兼住居を構え、同地を芸術家や研究者、多くの人にとってインスピレーションの源泉になることを望んだノグチの遺志を継いで建てられた。

うな感じがそう思わせたのかもしれない。

しかしそのあと、小さな丘のようなところに登ってその中心にある彫刻を見たときも懐かしいと思った。まだその場所はグランドオープンしておらず、誰もいなかったので、余計にそう感じたのかもしれない。

僕はその懐かしい風景を身体全体で感じた。懐かしいと思う感覚は、その場所につくり手の歴史や手垢、物語がたくさんたくさん詰まっているように感じるからだ。その物語が自分の物語と重なっていく。直接関係はないけれど、その時間と空間という〝余白〟が、僕たちの感情が入る隙間となっている。

自分のなかにある記憶、そしてその空間に宿っているだろう記憶。それらが火花を起こしてインスピレーションになっている。人間の記憶やDNAが懐かしいと感じさせ、創造力を育んでいるのではないだろうか。歴史とはそういうことなのかもしれない。

すべてが大きな流れの中で緩やかにつながっているという感覚が、人々を安心させるのではないだろうか。長い歴史の中にある〝場所〟が人々を想像させ、そして創造させる。何もない場所でも決して0から1をつくるわけではないのかもしれない。

Sayan Terrace Resort はすばらしい土地だ。場所性をうまく生かして、レセプションから歩くとプライベート感のあるホテル村があらわれた。ニワトリや従業員のおしゃべりもきこえて、何かとある村におじゃましている感じがする。

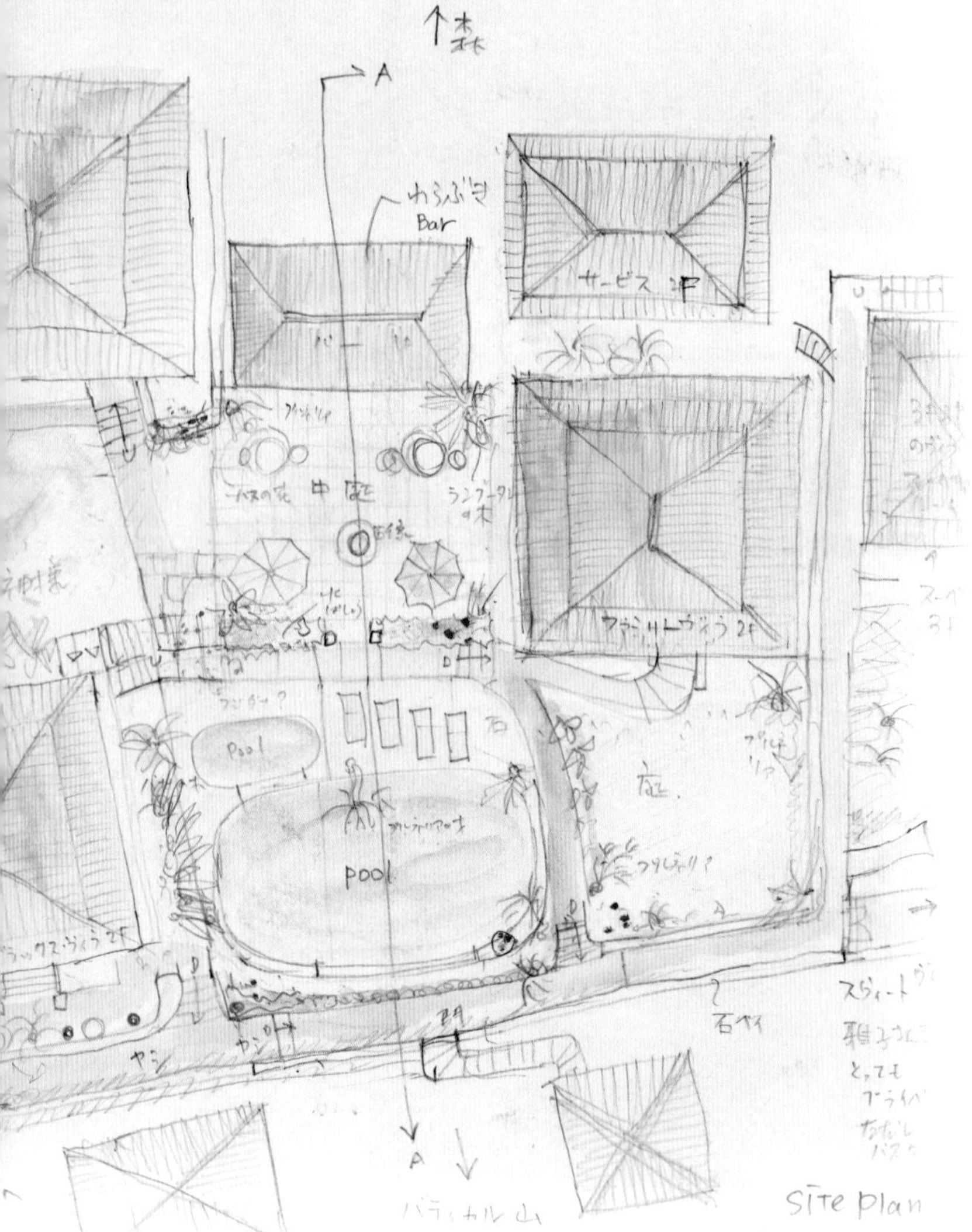

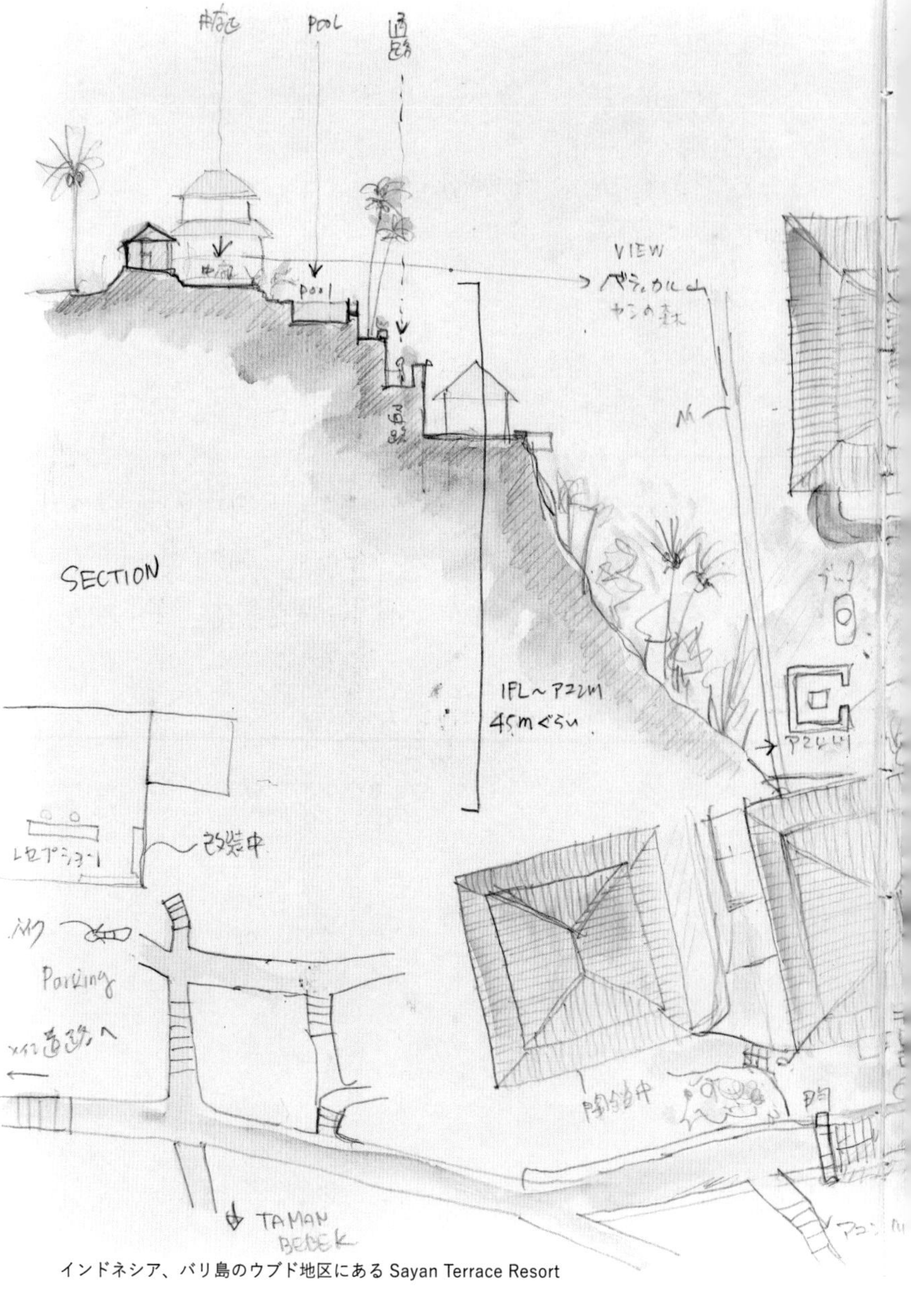

インドネシア、バリ島のウブド地区にある Sayan Terrace Resort

空想の次に大切なもの

空想はとても大切だ。しかし、空想だけでは建築を建てることはできない。では、次に必要なのは何か。それは、観察する力だ。

実際に社会に出て設計の仕事に就くと、法律や技術など、学ばなければいけないことはたくさんある。それらは知識なので、社会に出てからでも身につけることは十分にできる。しかし観察する力は、今から養える。いったん知識を得てしまうと、どうしても常識や固定観念で先にものを見てしまうようになるから早いうちから始めたほうがいい。

僕が観察眼を身につけることができたのは、母のおかげだと思っている。母は家庭の事情で勉強する機会を失ったが、とても探究心のある人だった。僕の実家は岐阜県にある輪中《わじゅう》地域だ。輪中とは、水害から守るため周囲を堤防で囲んだ集落のことを指す。母は誰に頼まれるわけでもなく、地域と輪中のことをずっと調べていた。僕もよく自転車で輪中を走り、堰《せき》や遊水地の存在を教えてもらった。水害を含めた自然と共存をするために、村には遊水地ができ、水田は発展していった。今思えば、古代エジプト文明がナイル川周辺で発展したのと同じだ。

小学校の6年間と中学校の3年間の夏休みに、岐阜県児童生徒科学作品展という自由研究のようなものに応募し、毎年なんらかの賞をもらっていた。ある年はジャガイモの生育の研究をした。上から段ボールを被せて、真っ暗な中でどのように育つかを観察した。段ボールに小さな穴を開けるとそこから光が入るので、ジャガイモの芽はそちらのほうに伸びていく。次は別の場所に穴を開けると、今度はそっちのほうに伸びていき、芽が歪んだように成長していく。またある年は、ゴキブリの生活習慣の研究をした。僕はカブトムシを捕まえに行って、間違えてゴキブリを捕まえてくることがよくあった。それを集めて、夜行性のゴキブリの昼夜を逆転させるという実験をした。最初ゴキブリは夜に灯した電球の光に勘違いするのだが、もともと備わった体内時計があるので、1カ月もすると元に戻ってしまう。毎日、夜中に起きて様子を確認しなければならないのは苦痛だったのだが、研究自体は楽しかった。

実は、いずれの研究テーマも母が決めたものだった。母は自分のあり余る探究心を、子どもの科学作品という課題に重ねていた。一緒に真剣に研究してくれていた。僕にも子どもが2人いるが、時間を費やして一緒に研究することがどれだけ大変だったか、今になってよく分かる。振り返ると、9年間の科学作品の研究が僕の観察眼の礎《いしずえ》になっていると感じる。母は僕の研究だと思っていたと思うが、僕は母との共同作業だと思っていた。僕が今もワークショップで一緒に建築をつくっていく感覚を求めるのは、そこに原点があるのかもしれない。

観察とスケッチ

僕はよく旅に出るが、必ずスケッチブックを携えていく。自由に描きたいから、方眼や横線が入っていない真っ白なものを選ぶ。毎回同じスケッチブックを買い、スケッチを描くだけでなく、そこで感じた感想や気づき、食べたもの、飛行機のチケットや入場券、地図、レシートなどをなんでも貼り込んでいく。色付けはだいたい移動の間に10分程度でちゃちゃっと描く。だから、旅が終わる頃にはスケッチブックは分厚くなっている。今でも科学作品をやっているときと同じような感覚なのだ。

写生大会でも、母が絵の描き方を教えてくれた。ほとんどがお寺か鐘撞堂《かねつきどう》だった。母は「色は一色じゃない」ということをよく言っていた。子どもだと、木の幹や枝を描こうとすると、茶色一色とかで塗りがちだ。でも母は、「よく見てみて。木の幹や枝のなかにも、いろんな色があるでしょ？」と僕に教えてくれた。母は僕の才能を見つけて、伸ばしてくれた天才だった。

もう一人、尊敬してやまない観察の天才がいる。ルネサンスの偉大なる芸術家レオナルド・ダ・ヴィンチだ。彼は、僕が理想とする建築家であり、類いまれなる観察眼をもっていた。正当な教育を受けてはいないが、画家・彫刻家として活躍する以外にも、機械を発明したり、都市計画や土木技術者として活躍したりするなど、ルネサンスを代表する「万能人」だった。

彼は子どもの頃、ヴィンチ村の田舎で少年時代を過ごし、豊かな自然のなかで観察眼を研ぎ澄ませていった。彼が残した膨大な手稿のなかには、渦を描いたたくさんのスケッチが残っている。自然界には多くの法則があるが、渦の中の美の法則を見い出そうとしたのだろう。

飛行機の研究もしており、鳥やトンボ、蝶など翼のある生き物を研究し、その姿を何枚も描いた。ついには人体を描くために解剖まで行い、それは今でも医学のベースとなっている。とにかく彼の観察は徹底しているのだ。

記録するという意味では、写真を撮る方法もあるかもしれない。しかし僕は写真を撮った瞬間に忘れてしまうので、常に手を使ってスケッチを描く。しっかり観察しないと、スケッチはできない。人は案外見ているようで、見ていなかったりする。街中を歩いていても情報が多過ぎるから、見ているようで情報として流してしまっている。なんとなく見るだけでは、観察にはならない。スケッチをすると、それに気づくことができるのだ。手を動かすから、記憶にも残る。手は第二の脳だと思う。

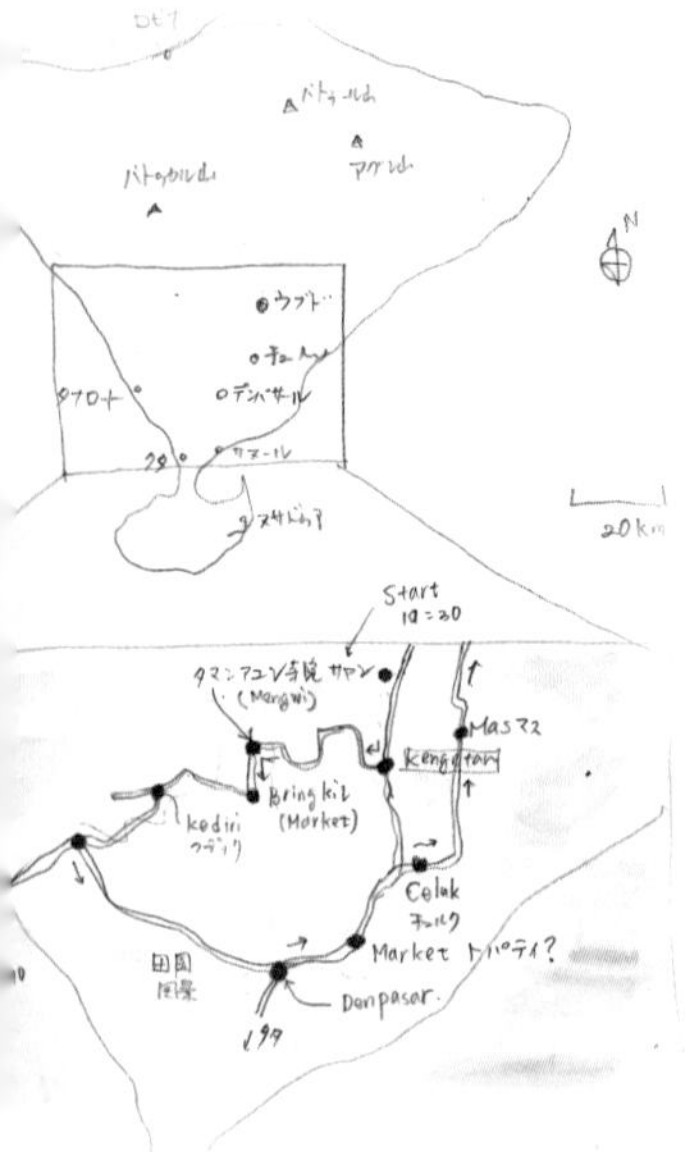

バリ島での旅程

世界を知らない孫悟空

僕は法政大学の建築学科で学んだ。建築学科は4年生になると研究室に配属される。建築学科の研究室は、意匠（デザイン）、構造、設備、歴史などに分かれるが、建築の設計を志す人は一般的に意匠系の研究室を希望する。3年生の後期のとき、設計に進みたいと思ってはいたものの、研究室を決めかねていた。

結果、選んだのは陣内秀信[*7]教授の西洋建築史・都市史研究室だった。なぜ歴史系の研究室を選んだかというと、当時の僕は設計という課題に対して、腹の底から腑に落ちるようなリアルさが欠けていると自覚していたからだ。そしてまた、設計という専門以外の世界に興味をもった。陣内先生は毎年、イタリアやイスラム圏、アジアなど世界中に都市と建築の調査に赴く。それを「フィールドサーベイ」という（フィールドワーク、デザインサーベイと呼ぶこともある）のだが、実際に現地まで足を運び、街中の住宅や公共施設を調査しまくるのだ。僕は実践的なフィールドサーベイを身につけることで、もっと身体全体で何かを感じたいと思った。

今でも覚えているのだが、陣内先生に「小堀は、孫悟空みたいだね。騙されたと思ってフィールドサーベイに行ってみようよ」と言われたことがある。当時の僕は

＊7 陣内秀信（じんない・ひでのぶ）
1947（昭和22）年-。建築史家。法政大学デザイン工学部名誉教授、江戸東京研究センター特任教授。東京大学工学部を卒業後、1973-75年イタリア政府給費留学生としてヴェネツィア建築大学、1976年にはユネスコのローマ・センターに留学。東京大学大学院工学系研究科博士課程修了。イタリアを中心に、イスラム圏を含む地中海世界の建築・都市史の研究・調査を行う。ヴェネツィアと水の都であった江戸・東京を比較し論じた『東京の空間人類学』でサントリー学芸賞受賞。

いろんな建築の本を読んで知識を身につけていたと思っていたものの、実際、建築のことなど何も分かっていなかったに違いない。それを見て先生は「知識や理論を身につけて、自分では何でも知っていると思っているかもしれないけど、孫悟空と一緒で、それはお釈迦さまの手のひらの上なんだよ。世界はもっと広くて深いんだよ。もっと全身で感じ取ってみようよ」と言っているように聞こえた。あとになってそのことを先生に話してみたのだけれど、先生自身はそれを覚えてはいなかった。

学校の授業では、建築の理論や設計の方法を中心に学ぶ。現実に設計をする前に知識を身につけるから、大学生の僕は頭でっかちになっていた。

全身で感じ取る

１９９６年に南イタリアにあるバロックの街、レッチェという都市の調査に僕は参加した。これは僕にとって重要な出来事の一つで、世界はこんなにも広いのかと知るきっかけとなった。その当時の僕は頭でっかちなところがあったが、陣内先生とフィールドサーベイに行くと、頭をガツンと殴られたような、とてつもない一種のカルチャーショックのようなものを味わった。

先生は街の人たちにヒアリングしながら、家を見せてほしい、実測させてほしいと交渉していく。OKが出たら、先生が〝Bella! Bella!〟と言いながらヒアリングしている間に、5、6人程度の調査班の学生がいっせいに家中のありとあらゆるところの寸法を実測し、野帳（実測の結果を書き込むためのノート）に描き込んでいくのだ。寸法を測るということは、空間を数字に置き換えることだ。つまり図面とは、空間を数字で翻訳していることになる。そしてその場所の空間のみならず生活やにおい、音まで身体全体で感じ取っていった。

夜はホテルの部屋に戻り、軽い食事とワインを飲みながら、野帳や資料を広げ、みんなでああでもないこうでもないと議論する。いろんな視点や考え方を真剣にぶつけ合うのだが、それも楽しかった。次の日には噂で聞いたという小さな城郭都市に長距離タクシーで向かった。途中石造りのトゥルッリ[*8]のような小屋を発見して寄り道したり、羊の大群を発見して写真を撮りに行ったり、興味の赴くまま自由に村に入っていった。危ないこともあったけれど、どの街の人々も温かく迎えてくれた。

実はその前にインドネシアに一人でフィールドサーベイをしに行っているのだが、それとはまったく得られる経験が異なった。先生と一緒にさまざまな目線で建築や

＊8　トゥルッリ
イタリア南部のアルベロベッロというところにある白い漆喰の壁の建物。円錐形の屋根が特徴的で世界遺産にも登録されている。

都市や人々の営みを見ていくということは、本当に良い経験をさせてもらったと思う。すべてが刺激的で、街の人たちも僕たちを受け入れてくれたと感じることができた。

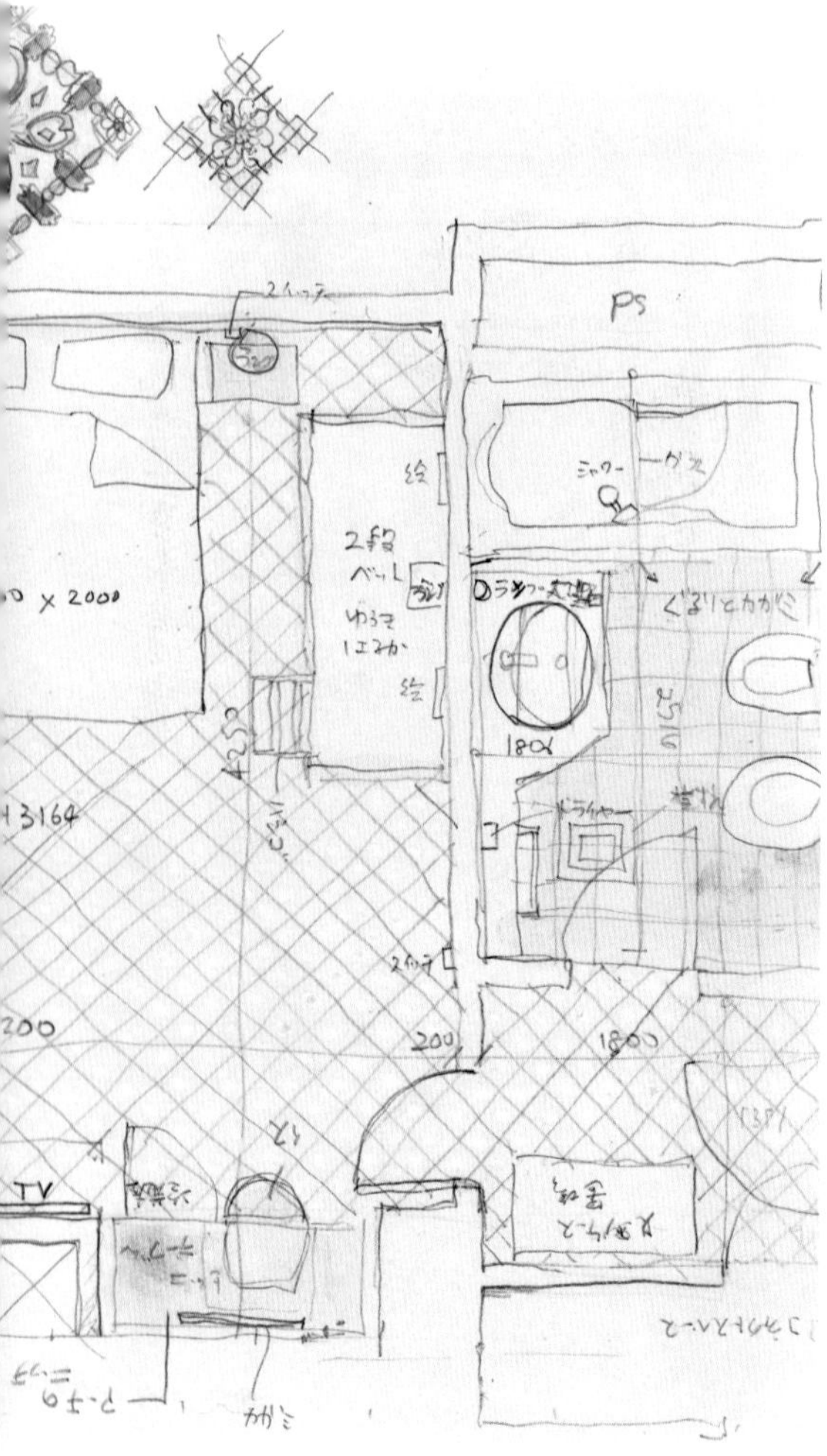

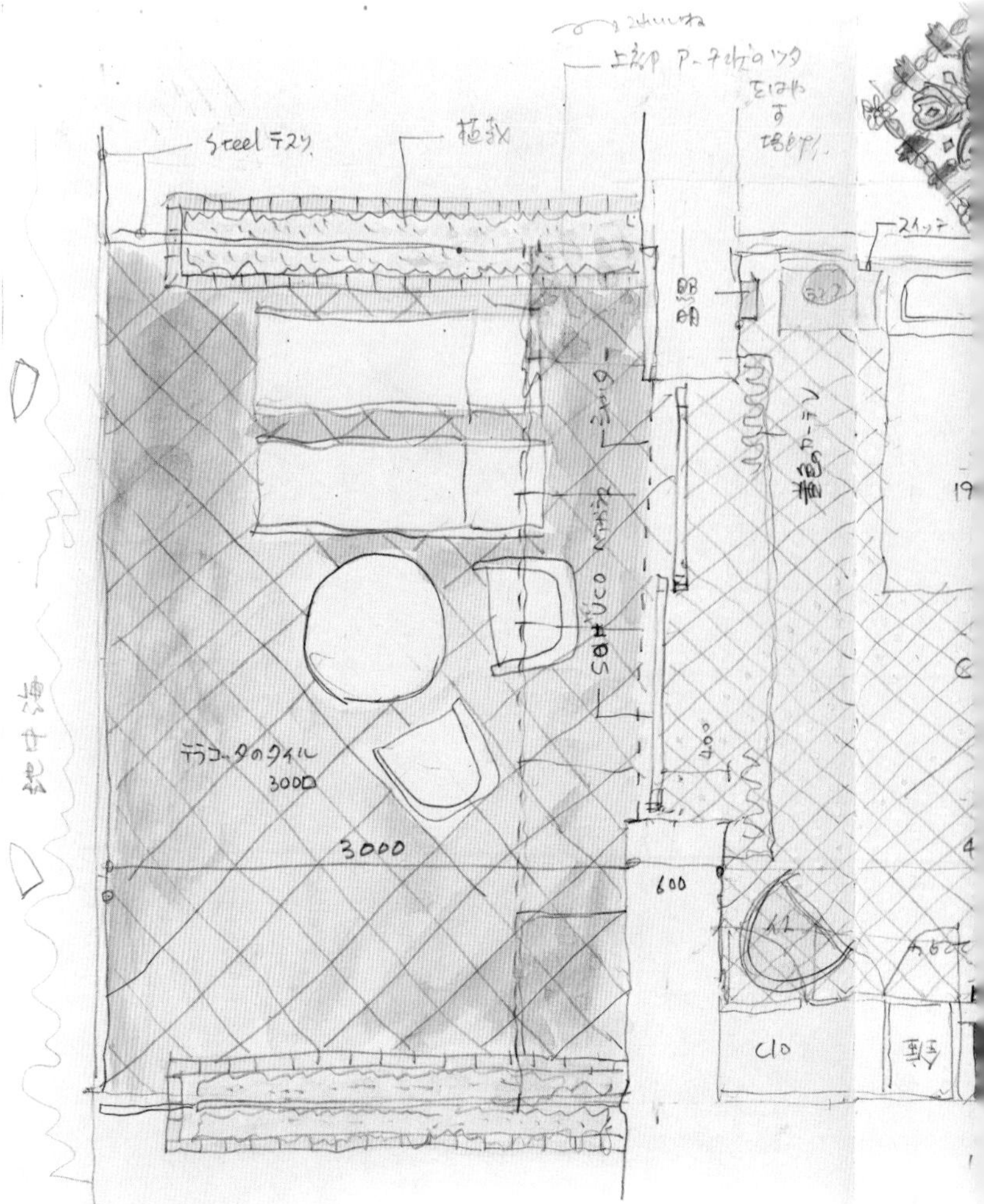

南イタリアのアマルフィの民家をフィールドサーベイしたときのスケッチ。
間取りには実際の寸法を書き入れる

寸法当てゲーム

フィールドサーベイはとにかく測っては図面やスケッチを描いていくので、常に手を、身体を動かしている。何よりもまず現地にわざわざ行くわけだから、足を使っている。それだけでなく、五感を使ってその場所を感じる。窓から入る光を感じたり、音の反響を耳で聴いたりする。漆喰《しっくい》や石のひんやりとした質感を触って感じる。街中を歩いていると、キッチンから漂う香りに、街に住む人々の暮らしを知る。すべての五感を通して感じることを学んだと思う。

自分なりの身体《しんたい》感覚を得ることが非常に大切だと僕は思う。自ら現地に赴き、見て聞いて触る。スケッチを何枚も描いたり、身体《からだ》を動かして寸法を測ったり、五感で感じたりすることで得られるものであり、身体を通してこそ観察力は深まる。

僕の設計事務所では毎年国内外に研修旅行に行き、みんなで実測する。そのとき、寸法当てゲームをする。事務所に入ったばかりのスタッフは、見当違いの寸法を言ったりする。でも、実測やスケッチなどを通して、徐々に自分なりの空間体験を経て身体感覚を身につけていくと、寸法を当てられるようになる。

今はスマートフォンやゲームなどいろんな暇つぶしの道具があるけれど、スケッチは最高の暇つぶしだと僕は思っている。何かをつくろうとすると道具が必要だが、スケッチは紙と鉛筆さえあればいいから、お手軽だ。真っ白な紙を前に、どんなことでも空想できる。

よく「スケッチがへたなので……」と言う人がいるが、うまいへたではない。大事なのは、白い紙を前に自由に、思うままに手を動かすこと。それは空想の世界を繰り広げる、入り口なのだ。そこに僕は無限の可能性を感じる。

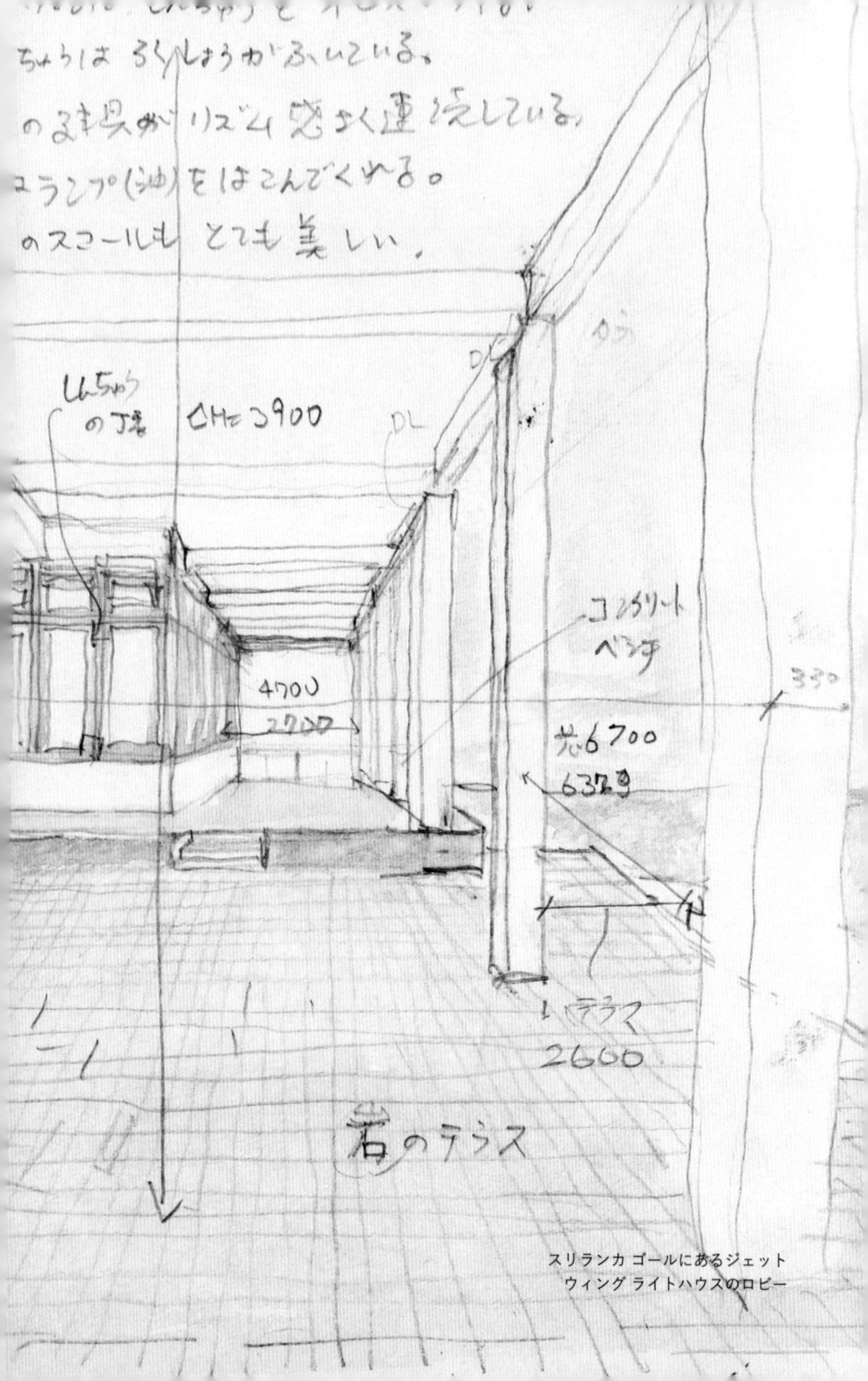

スリランカ ゴールにあるジェットウィング ライトハウスのロビー

HOUSE ロビー
DL
DL
DL
4680
3460
モルタル
480

卓越風

観察をするのはなにも見ることだけではない。全身で感じることで知るものもある。僕はいつも自然との対話で特にそれを感じる。

僕の建築では、特に風は重要な要素だ。一人で山登りをしていたときのことだ。見晴らしのいい草原のなかの道の途中で空を見上げると、空中で鳶《とんび》がゆらゆらと飛んでいるのが見えた。

足元では草木がざわざわと動いていた。初夏で少し汗ばんでいた僕は、その風をとても気持ちよく感じた。これが鳶が見る風景だったりするのかと考えたりした。

公園で大きなシャボン玉をつくる芸人を見たときにも、風について考えた。

芸人がつくる直径1メートルくらいの大きなシャボン玉は、円形ではなくて風や空気によって形を自由に変えながらゆらゆらと動いている。シャボン玉は光が虹色に反射しマーブルのようになっている。それを捕まえようと子どもたちがいろんなところから走ってくる。

大きなシャボン玉は、子どもたちをかわしながら、ゆらゆらと空中を舞っている。

僕は子どもたちがシャボン玉を捕まえたいと思うのと同じように、風を捕まえたいと思っている。でもそれはいつも夢のように感じている。

僕は設計のときに、風の吹いてくる方向にどんな窓をつければいいのかと考える。家の中に心地よい外の風を入れたい。縁側で木が揺れる風景を見たい、ガラス越しに荒れ狂う嵐を見たい。建築を通して見る外部の環境は、いつでもワクワクする。風はいつ、どこから吹いてくるのか。そして場所によって風が吹く向きも違う。

風については「卓越風」[*9]という名前があることも知った。夏はこっちから、冬はこっちからというように季節によって風の向きが異なる。調べてみると、山のある位置、川の流れる位置、さらに谷や海の位置など、周りの周辺環境によって風の向きが決まっている。

僕が住んでいた村からは、伊吹山が見えた。その伊吹山から吹いてくる風を「伊吹おろし」と呼んでいた。伊吹山には神様がいて、冬になると、その神様が風を起こしているのだといわれていた。川は急峻な山から流れ、岩を砕きながら谷をつく

＊9　卓越風
ある場所・地域で、特定の時期（季節・年）に吹く、最も頻繁な風向の風のこと。有名な関西の阪神間で吹く「六甲おろし」も卓越風の一種とされる。その地方特有の風のこと。

る。川は蛇行しながら平地を流れ、海へたどり着く。海から吹いてくる風は、川を駆け上り山へ吹いていく。

そんなふうに地球の形、地球の歴史が風の向きをつくっていると考えると、とても不思議な感じがする。風を捕まえることは、その歴史や地形を捕まえることなんだと思った。だから設計をするうえで、その建築は風について考え抜かれていなければならない。

観察から生まれるもの

人、街、生活、光、自然。さまざまなものの観察を続けていくと、自分のなかに直感やひらめきが生まれる。それらが空想にリアリティを与え、現実との架け橋となってくれる。そのためには、フィールドサーベイや観察が不可欠だ。

直感やひらめきというと、感覚的なもの、当てずっぽうだと思う人もいるかもしれない。しかし、ある大学の研究では、人間の直感の的中率は90％だという話もある。直感とは、過去に体験したり記憶した膨大な知識や経験によって養われたりするものだ。多くの人が子どもの頃から「よく考えて答えを出しなさい」と言われてきたので、直感やひらめきの力をにわかには信じられないのは無理もない。しかし、これまでの過去の膨大な記憶や経験の中から生まれているとすれば、直感やひらめきによる判断力をより確かなものにするために、多くの経験と記憶を自分の中に蓄えていくことがいかに大切かと考えることもできる。

僕が大事にしている観察はただ、じっと対象を見ればいいのではない。観察とともに身体を、手を動かすことが大事だと考えている。

建築家によっては僕のようにスケッチをたくさん描く人もいるし、模型を何度もつくっては壊し、つくっては壊しを繰り返す人もいる。建築家でなくても、誰でも子どもの頃に、ブロック玩具や粘土で夢中になって何かをつくった経験があるのではないだろうか。

設計でいろんな問題や課題と格闘しながら、スケッチを何枚も描いたり、スタッフと一緒に模型を使って検討を何度も何度も重ねたりしていくうちに、ある瞬間、さまざまなことが腑に落ちて、すべてを超越したような解決策に出会うことがある。

僕は落ちつきのない性格なので、一つのところにいることが得意ではない。だから、一つの面から見て解決できなければ、違う視点で改めて考える。そうやって少しずつ視点をずらしていき、さまざまな、あらゆる角度から考えていく。そういう意味では、しつこさや偏屈さも持ち合わせているのかもしれない。それが設計における観察だと思う。もしも、「ひらめきや直感がなかなか得られない」と言うのなら、とにかくいろんな角度からいろんなことを試してみてほしいのだ。直感は脳というデータベースをもとにしているから、なるべく多くのことを試したほうが当然ながら直感やひらめきを得る確率は上がってくる。

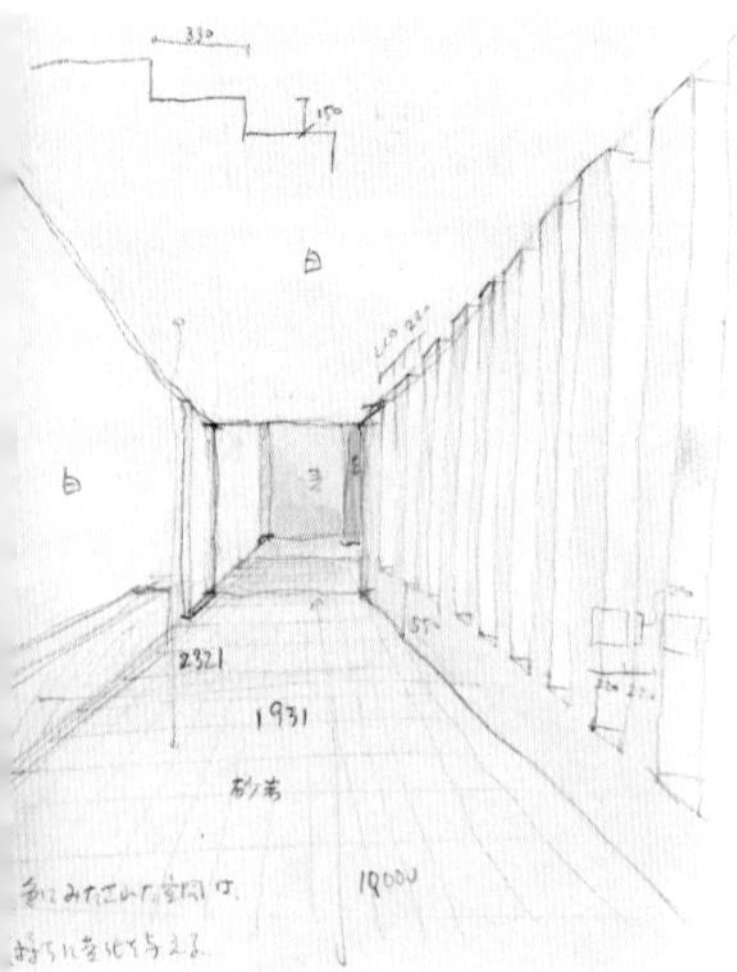

メキシコの建築家ルイス・バラガン設計のヒラルディ邸。エントランスホールからプールのあるダイニングへと続く通路

ひとまず〝食べてみる〟

直感やひらめきを得るためには、自身のデータベースを増やしていくことが大切だ。

僕はまず、好き嫌いは言わず、なんでも〝食べてみる〟ようにしている。いろんな場所を訪れ、いろんなものを見てみる。それは建築だけに限らない。アートも見るし、いろんな文化も体験する。

最初に拒否してしまうのはもったいない。まずは否定せず、いろんなものを飲み込んでいく。そうすると、「これはちょっと苦いな」とか「これは意外と好きだな！」というふうに自分のフィルターを通して考えることができる。

「百聞は一見にしかず」という言葉のとおりで、教科書で名作建築だと紹介されていても、僕は感動しないということもよくある。逆に名もないものや、街中のちょっとした風景に感動することも多い。だから、前情報に振り回されず、食べてみることが大事だ。そうやっていろんなものや体験に触れて経験値やデータベースを増やしていくなかで、ひらめきや直感力は鍛えられていく。

感覚は変化する

観察の対象は、本当に小さなことから、自然のような大きなものまでさまざまだ。そして観察する対象によっては時間や季節でも変わる。

年月によって自分の感覚も変化するから、同じものを観察していても、違うとらえ方をすることもある。それも面白い。同じ場所を訪れて、自分がどのように感じるのか、その感覚の変化さえも僕は観察したいと思う。

雲海

ずいぶん昔、まだ学生の時に山登りを始めた。それまで一度も山なんて登ったことはなかったし、興味もなかった。ひどい強風の大雨が続いたあと、山頂にあるテント場から撤収し、山小屋で1泊した。まだ夜中なのに、人々はごそごそと出発する準備をしている。「どこに行くのですか?」と聞くと、「今日は晴れるから、そして台風のあとだからとてもきれいな星空とともに御来光が見えるよ」と教えてくれた。

しかしある時、山頂に立つ人と風景の写真が表紙になっている雑誌を見て、身体のなかから湧き上がる気持ちが抑えられず、それから1週間後に同じ場所に向かっていた。前に登ったときは自分たちは目的を果たし、あとは帰るだけだと思っていたけれど、御来光という不思議な言葉に惹かれ、僕はまた山頂へと来ていた。

その光景は空いっぱいの濃紺のグラデーションだった。

眼下には雲海が広がっていて、時間が止まった海の波のように、雲がダイナミックに重なっていた。夜が明ける前の少しの時間だけ、すべての場所が濃紺色に染まっていく。その場所には大勢の人がいたけれど、みんな無言で一人の時間を楽しんでいた。みんな違う方向を見て何かを感じていた。一緒に来ていた仲間もそうだ。あまりにも衝撃的な風景が目の前に現れたとき、人間は一人になるんだと思った。

僕が雲海を経験したのは、それが初めてだった。宇宙の色がそのまますべてを照らし、白い雲は濃紺色に染まっている。その中心にいる僕は360度、ふわふわと宇宙に漂っているような心地だ。それまでは少し恐怖を感じていたが、だんだんと光が差して明るくなってくると、嬉しさや安堵感が身体に染み込んできた。つらい山登りを経て、暗闇の中からだんだんと夜が明けていく雲の上で、こんな夢のような経験をした。きっと神様の国は雲の上にあるのだろうと考えた。

30分ぐらい経った頃、雲海と空の境目から色が変わり始めた。濃紺色はオレンジ色に変化していく。空と雲海によって色に包まれているという感覚は、僕にとっては、空気に色がついているような感覚だった。絵の具で色をつけた水の中に漂って

カルナック神殿の大列柱室

いるような体験だった。そのうち一瞬にして色が変わった。御来光の瞬間だ。すべてのものが照らされてゴツゴツした岩山の形がくっきりと見え、人々の喜ぶ顔が映し出された。

雲海の上に出た太陽を神様になぞらえて「御来光」と呼ばれているということが分かった気がした。そして、今日も生きていることに感謝した。エジプトの地上における神様が太陽神ラーであったように、宗教の始まりは太陽なのだと思った。この経験は、僕を自然と身体が一体化する山登りに没頭させるきっかけになった。

お寺を描《か》く

アンコール遺跡のバイヨン寺院[*10]で早稲田大学の中川武[*11]先生主催のスケッチのワークショップがあった。対象者は近くの小学校の子どもたちだ。アンコール遺跡は、フランスや日本など各国の協力を得て修復が進んでいる。

ワークショップの対象は、現地の修復の工事スタッフとして働いている人々の子どもたちだ。子どもたちは、バイヨン寺院に無数にある大きな顔のレリーフや自然

＊10 **バイヨン寺院**
カンボジアにあるアンコール遺跡群の一つであるアンコール・トムは、12世紀末に造られた門や城砦、寺院などから成る都市遺跡。その中心にある「美しい塔」を意味する寺院。

＊11 **中川武（なかがわ・たけし）**
１９４４（昭和19）年-。建築史家。アジアにおける古代建築の調査活動を行っており、１９９４年からは日本国政府アンコール遺跡救済チームの団長を務める。２０１４年からは博物館明治村館長。早稲田大学名誉教授。主な著書に『世界宗教建築辞典』『建築様式の歴史と表現』『日本の家』など。

の大きな木の根っこ、崩れ掛けた巨石や木々で一心不乱に遊んでいる。まるで子猿のように跳びはねていく。

バイヨン寺院の景色は、歴史の連続の中にあり、景色が変わるわけもなく、変化に富んでいないかもしれない。しかし、子どもたちの一人ひとりのスケッチを見ていくと、バイヨン寺院のもつ価値や特徴が見えてくるから面白い。

なぜ柱が太いのか、なぜそこに穴が開いているのか。スケッチを通して、それまで見えなかったものが見えてくる。目でじっくりと観察して、鉛筆でスケッチし、色をつけていきながら、子どもたちは建築を丁寧にトレースしているのだ。そこには褒められたいとか、すばらしいものを描かなきゃいけないといった気持ちは一切なく、トレースすることを純粋に心地よく感じている。子どもたちの描いた絵は千差万別だったが、すべてのスケッチの中にバイヨン寺院の価値と魅力が表れていた。

この風景を見ながら、僕が小さいとき、学校の写生大会で毎年近くのお寺の鐘撞堂をスケッチしていたことを思い出した。お寺は父親の現場でもあり、僕の格好の遊び場だった。ラジオ体操の場所でもあったし、地元のみんなの場所であった。

お寺の絵を描くにつれ、何か心の底から湧き出てくるものを感じた。そのじーんとした感動は、鐘撞堂を丁寧にトレースすることを通して、まるでその建築を自分のポケットに入れたような感じになったからだと思う。

それを建てた人の思いや技術が想像できて、とても楽しかった記憶がある。建築をつくった人たちの声に耳を傾け、まるで会話をしたようだった。スケッチをすることで一緒に建築を感じた。その心震える経験は今でも僕のなかに刻まれている。

アンコール遺跡は僕たちにとっては世界遺産だが、現地の人々にとっては、僕のお寺のようなものだと気づいた。つまり自分の近くにある建築の価値に気がつくということは、観察を通してなのだ。中川先生は、修復に関わっている大人のその子どもたちに対してワークショップを行うことで、自分たちの建築の価値を気づかせてくれる。

概念の幅を広げる

観察をするうえで、対象への自分なりの解釈を増やしていくことも大切だ。

以前、ギリシャのパルテノン神殿で門を見たときのことだ。門というと、冠木門《かぶき》や門構えといった言葉が思いつく。またセキュリティや結界のイメージもある。鳥居もある意味、門だといえる。

しかしパルテノン神殿の門（プロピュライア）[*12]をその地で見たとき、僕は門も居場所なのだと感じた。プロピュライアをプニュクスの丘から眺めたとき、そう感じた。その場所は光って見えた。西からの光がちょうどその場を照らしているように見えた。僕もそこに行ってみたい、目指してみたい、そう思った。

プロピュライアは大きな階段の頂上にあり、そこには多くの人が腰掛けたり、会話をしたりしていた。門が防御ではなく、ましてや権威の象徴でもなく、人々が輝ける居場所として、そこにあった。門の列柱と門の屋根の下で、人々は抱き合っていたり、階段に座って一人でいたり、たくさんの人々が思い思いに、心地よさそうに過ごしていた。その門があることで、パルテノン神殿すべてが人々に開かれているのだ。本来門とはこういうものなのだと思った。

柱には縦溝が刻まれているので、光が当たると陰翳《いんえい》が美しく、柔らかい表情に見える。石がこんな優しい表情になるのかと驚いた。階段は多くの人が上り下りするので丸くすり減っていたり、ピカピカになっていたりする。これらも石の鋭利さはなく、人々の痕跡が見える。

＊12 プロピュライア（Propylaea/Propylaia）
古代ギリシャ時代、アテナイのアクロポリスに入るための入り口、門として建てられたものが起源とされ、時代が下るにつれ、プロピュライアは「門となる建物」を意味するようになってきた。白い大理石と灰色の石灰石で造られた。パルテノン神殿の正門となるプロピュライアは神域アクロポリスへと至る門として紀元前5世紀頃にペリクレスによって建設されたといわれる。

そこから見えるギリシャの風景を眺めていると、ニケの神殿を脇に見ながら、神様の世界に到達した感じさえする。パルテノン神殿には入ることができない。しかしこのプロピュライアは通ることができ、この場所の美しさを感じられる。門は建築になり得るのだと思った。

ギリシャ アクロポリスを遠くにのぞむ

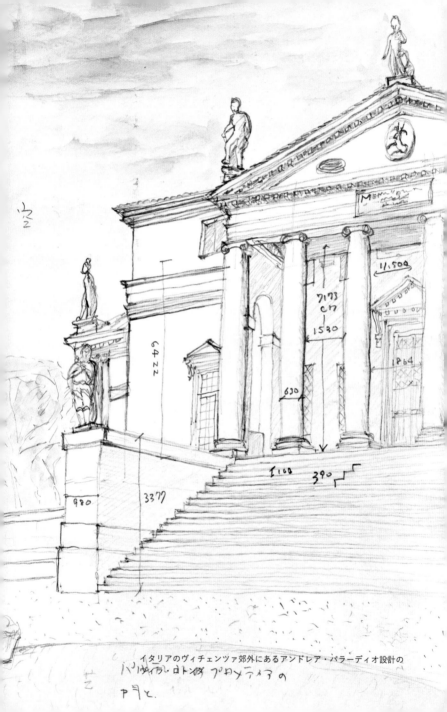

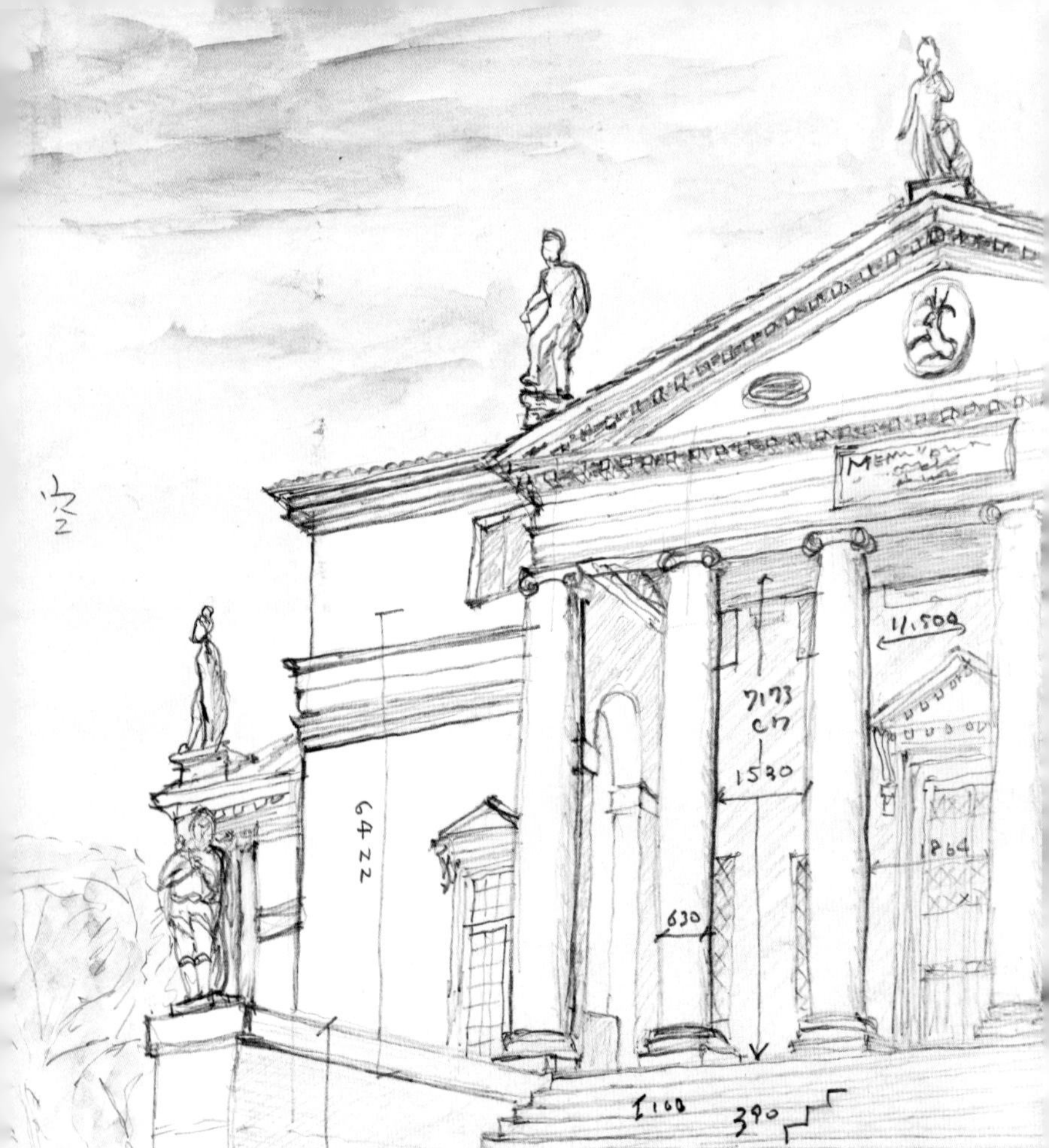

イタリアのヴィチェンツァ郊外にあるアンドレア・パラーディオ設計の
ヴィラ・ロトンダ プロメテイアの
門と.

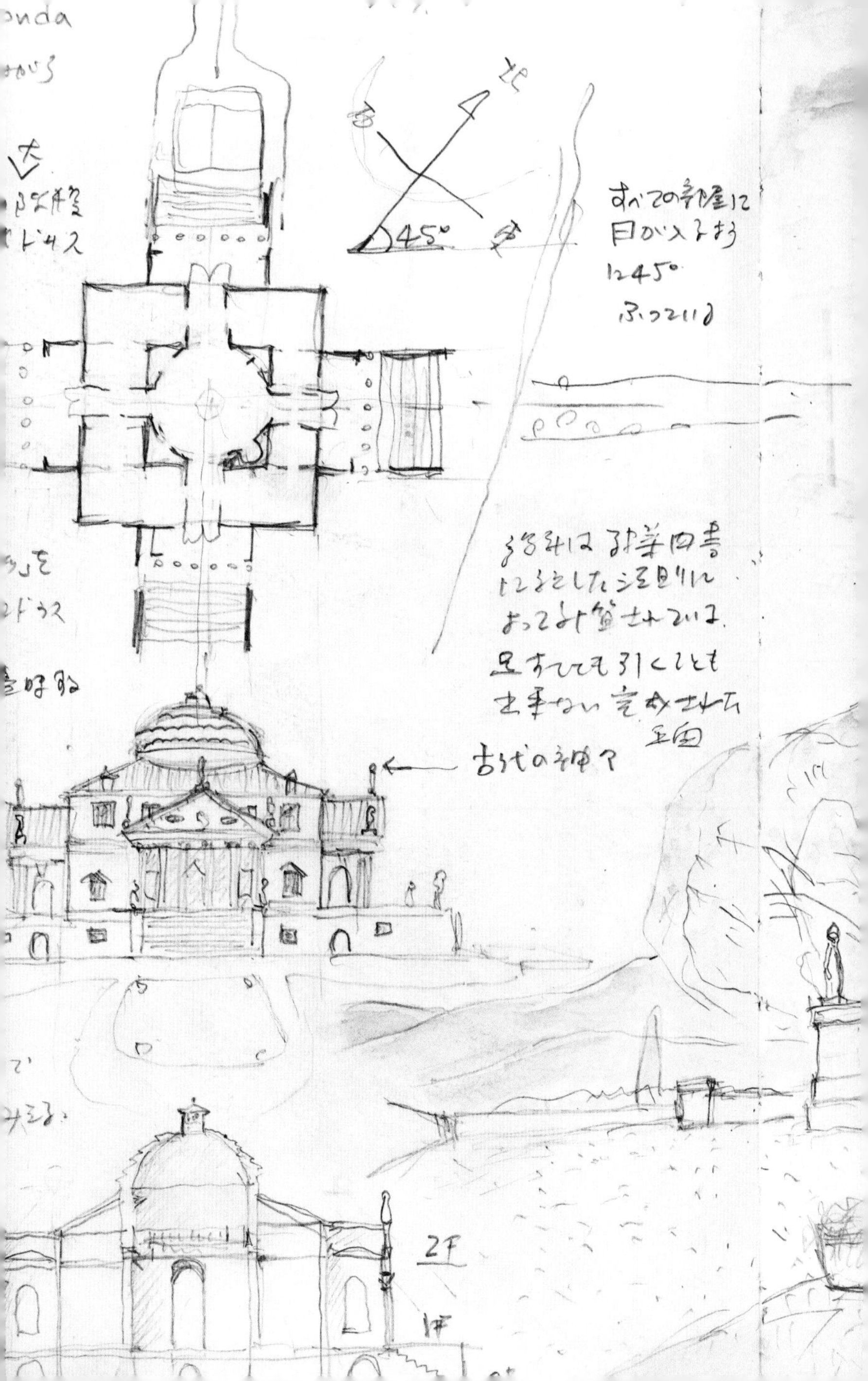
onda
北
45°
すべての部屋に
日が入るよう
に45°
ふってある
各部は建築四書
に記した法則に
よって計算されていて
足すことも引くことも
出来ない完成された
平面
古代の神々
2F
1F

旅に出る理由

僕は、本を100冊読むのも大切だが、時間をかけてでも現地に行ったほうがいいと思っている。大学時代に行ったインドネシアの一人旅に始まり、家族や建築家仲間、事務所のスタッフとともに世界中のさまざまな国を旅してきた。どんなときも真っ白なスケッチブックを携えて。

いろんな国ですばらしい建築を見ると、どうして、どうやってこの建築ができたのだろうと思いを馳せる。その時代の人たちの思いが投影されたものであり、建築は夢の総体なのだと実感する。時代によって建築の様式は変化してきたけれど、建築の本質は変わっていないと僕は思う。ピラミッドや神殿といった大きな建築だけでなく、小さい建築も本質は同じで、建築の規模ではない。

人を感動させる建築は、時代を超えて僕たちの胸を打つ。それはデザインうんぬんというものよりも、何もないところから建物が立ち上がっていき、つくろうという人々の夢や思い、強い意志に僕たちは感動するのだと思う。

旅先では、まったく違う価値観に出会うことができるのがいい。社会に出て、仕事に少しずつ慣れてくると、同じような価値観や枠のなかで生活と仕事を繰り返し、いろんなことを無意識に過ごしてしまいがちだ。日本での常識が海外での非常識だったりするし、外から日本を見ると、日本の良さを改めて感じたりする。

旅は五感で感じる力も養ってくれる。空港に降り立つと、いつもその国の匂いを感じる。ジャカルタに行ったときは「甘ったるい匂いだな」と思ったし、インドに行ったときは、「スパイスの匂いだ」と思った。じゃあ、日本の匂いってどんなのだろうと考えた。そうやっていつもと違うものに触れると、五感が刺激され、空想が膨らんだ。

最近は、あまり旅に行かない人も多いと聞く。特別、遠くに行かなくてもいい。いつもは行かないような場所、いつもと違う道を通るだけでも、五感は刺激される。

旅先では、自分が心地いいなと思える場所を探す。そこに座ってスケッチを描いていると、その空間に没入した感覚を覚える。それは、その空間をがぶっと頭から食べている感覚に近い。そうやって飲み込むと、自分の身体感覚として空間を認識できるようになる。

これは写真では難しい。たとえ美しい写真だったとしても、それは視覚からの情報だけに過ぎない。その場を訪れ、本物を観察して、全身で五感をフルに使って感じること。そうすると、その場所と一体となったような感覚を味わう。それが腹落ちするということだ。学生の間に、その感覚を体得することが重要だと思う。

これまで旅先で見たあらゆる都市や建築、自然、暮らしなどは、僕のなかに一つの〝点〟として刻まれている。それがどのように具体的にアウトプットにつながっているかを説明するのは、なかなか難しい。しかし最近になって自らの原風景やルーツと向き合うなかで、それらの点が緩やかに線として結ばれてきているような気がする。

四方八方に自らの五感を蜘蛛の巣のように張り巡らせる。そこに引っ掛かるもの、それを丁寧に拾っていってほしい。そうすると、最初は点だったものも、見えない糸でつながってくる。

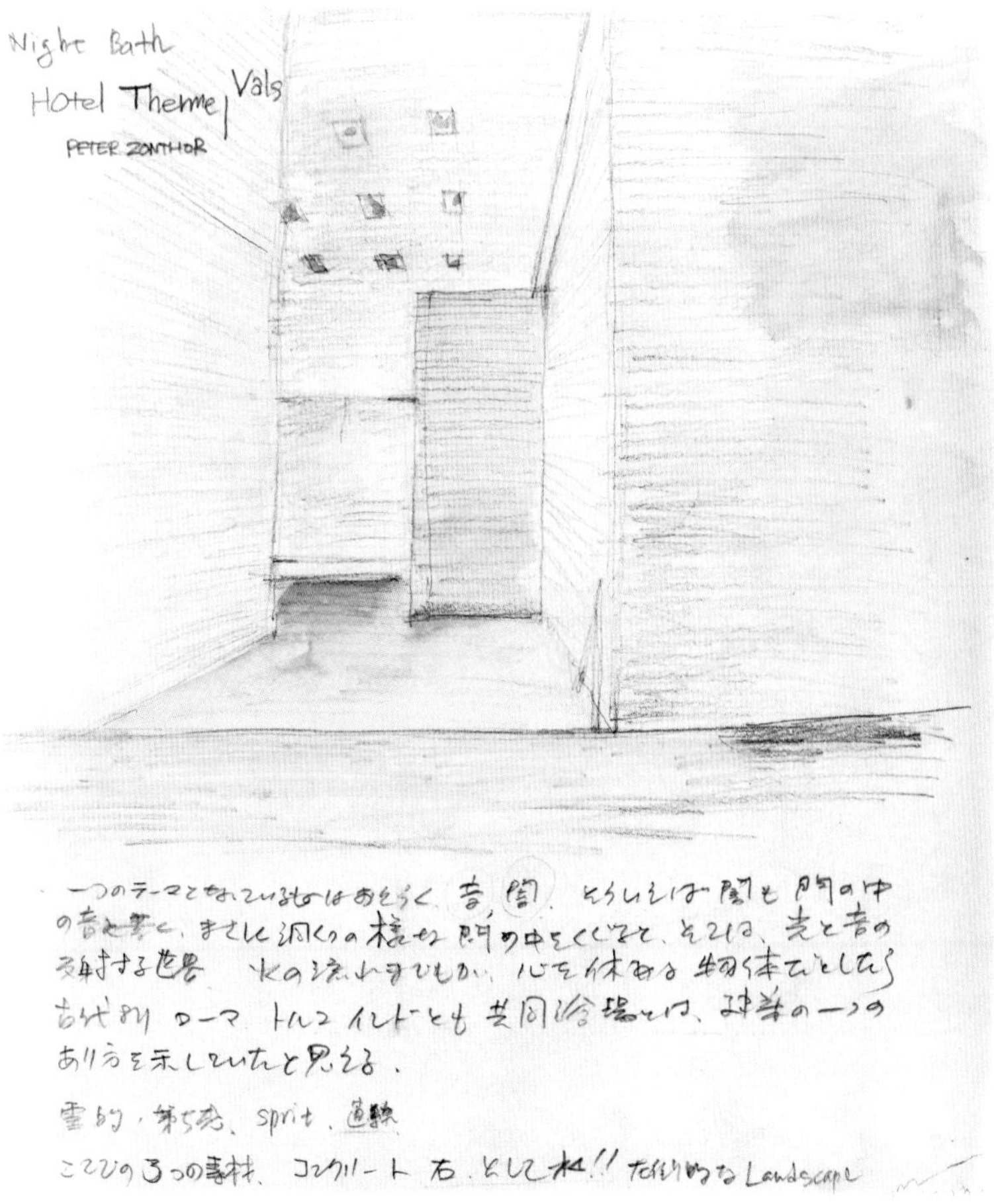
Night Bath
HOtel Therme Vals
PETER ZONTHOR
一つのテーマとなっているものはおそらく 音、闇、たとえば闇も門の中の音と響く、まさしく洞くつの様な門の中をくぐると、それは、光と音の交錯する世界 水の流れすらも、心を休める物体だとしたら
古代より ローマ トルコ イレドとも 共同浴場とは、建築の一つのあり方を示していたと思える。
霊的、第5感、sprit、
ここでの3つの素材、コンクリート 石、として水!! Landscape

JINENG
バリ式高床倉庫
どこから入るか不明。
2500
1400
1700
4000
竹
ねずみ返し
ジャリ
池

第3章 「私」から、「私たち」へ

建築家と料理人

フランスのとある田舎町のレストランで料理を味わったときのことだ。出てきたのは地元で採れた野草だけを使っている、摘み草料理だった。とても素朴な料理だったけれど、一つひとつの料理にストーリーがあり、物語と一緒に食べるような感覚だった。これまで味わったフランス料理とはまったく違い、とても素朴だけれども、奥が深い。滋味深く、味わえば味わうほどに口と頭の中で野草たちがハーモニーを奏でる。ずっと食べていたいと思ったほどだ。

僕はそのとき、同じくものをつくる人間として嫉妬した。こんなに人を感動させることができるのかと。それらの料理はシンプルかつ素直な方法で料理され、地元の素材の良さを最大限に引き出していた。そのことが建築の設計に似ているなと思った。

この料理のような建築をつくりたいと思った。この経験は、僕の建築に対する考え方のヒントになった。料理は万国共通で、食は生きる糧であり、本質的なものがある。人は正直においしいものはおいしいと感じる。それは建築にもあるはずだ。そう腑に落ちると、迷いはなくなった。

フランスの田舎町の路地裏

一緒につくる感覚

建築家の仕事は、料理人のなかでも寿司職人が近いかもしれない。そこには、人対人の対話がある。カウンター越しにお客さんと会話をしながら好みを聞き、その人の雰囲気を読み取って、ネタの種類と提供するタイミングを考える。

僕らの仕事も、一つとして同じものはない。クライアントの考えや課題、設計するための敷地条件などすべてが異なるわけだから、それは当然のことだ。求めるものに合わせて柔軟にプロセスも変えるし、最終的に出来上がる建築もまったく異なる。だから時折、「小堀さんの建築はいろいろですね」と言われることがある。


料理にはレシピがある。レシピは毎回同じものをつくるために必要なものだ。建築にも似たようなものがあって「ビルディングタイプ」というのだが、建築の「形式・型」のようなものだ。時代や地域によって変わるのではなく、オフィスや学校、美術館など用途によってさまざまなビルディングタイプがある。

例えば学校なら、中央に廊下があり、その両脇に教室や教授の部屋がある。マンションも同じで、北側に玄関があり、廊下の両脇に2部屋、南側にはＬＤＫと和室といった間取りは、今でもほとんど変わっていない。時代や人々の暮らしは変化しているのに、何十年も変わらないなんて、おかしな話だと思う。なぜ変わらないのかというと、それが合理的、効率的だからだ。世界は効率化を追い求め過ぎて、本当に大切なことを排除してしまったように感じている。

もちろん、ビルディングタイプは建築の基本の「キ」だから、学ぶことはとても大事だ。しかし、それを鵜呑みにするのではなく、自分の頭で考えてみる。アレンジしてみてもいいし、時には本当にこれが正しいのか根本から疑ってみることも必要だろう。

ただ一方で、料理人と違うところもあると思っている。僕は建築家が料理人、クライアントが食する人という図式ではなく、クライアントにもキッチンに一緒に立ってもらい、「一緒に食べたいものをつくりましょう」と言っている。それがワークショップだ。建築を使う人が喜んでくれることが、僕の喜びでもある。そしてつくる過程も楽しいのが建築だ。だからこそ、楽しいことはできる限り共有したいのだ。

いまや、住まいも車と同じように、簡単に買える〝もの〟になってしまった。昔の日本では、住まいは〝自分でつくるもの〟だった。たとえ最初は大工がつくったとしても、少しずつ自分たちで手を加えていく。そうやって家はつくられ続けていくものだった。僕の実家は父親がつくったものだから、余計にそう思うのかもしれない。

建築は今でも、「唯一無二のものをつくること」が残っている数少ない分野の一つだと思っている。手を動かしたり、自分で考えたり、ものづくりは本当に楽しい。それは僕らプロだけでなく、誰だって同じだと思う。だからこそ、クライアントにも一緒に建築というものづくりを楽しんでもらえるよう、僕らはワークショップを通して共有するようにしている。

バナキュラーが好きだ

20世紀、周囲の環境や歴史などから関係性を断ち切り、世界中どこでも同じもの建てる「モダニズム建築」がもてはやされた。地域性を排除し、世界共通の建築を目指したため、「インターナショナルスタイル」とも呼ばれた。例えていうなら、建築で英語のような共通語をつくろうとしたわけだ。近代化していくうえで、合理性は必要なことだったと思う。

確かにモダニズム建築はすばらしい。僕自身も大学時代からモダニズムの巨匠に憧れ、いろいろな建築を見て回った。それはとても刺激的だった。

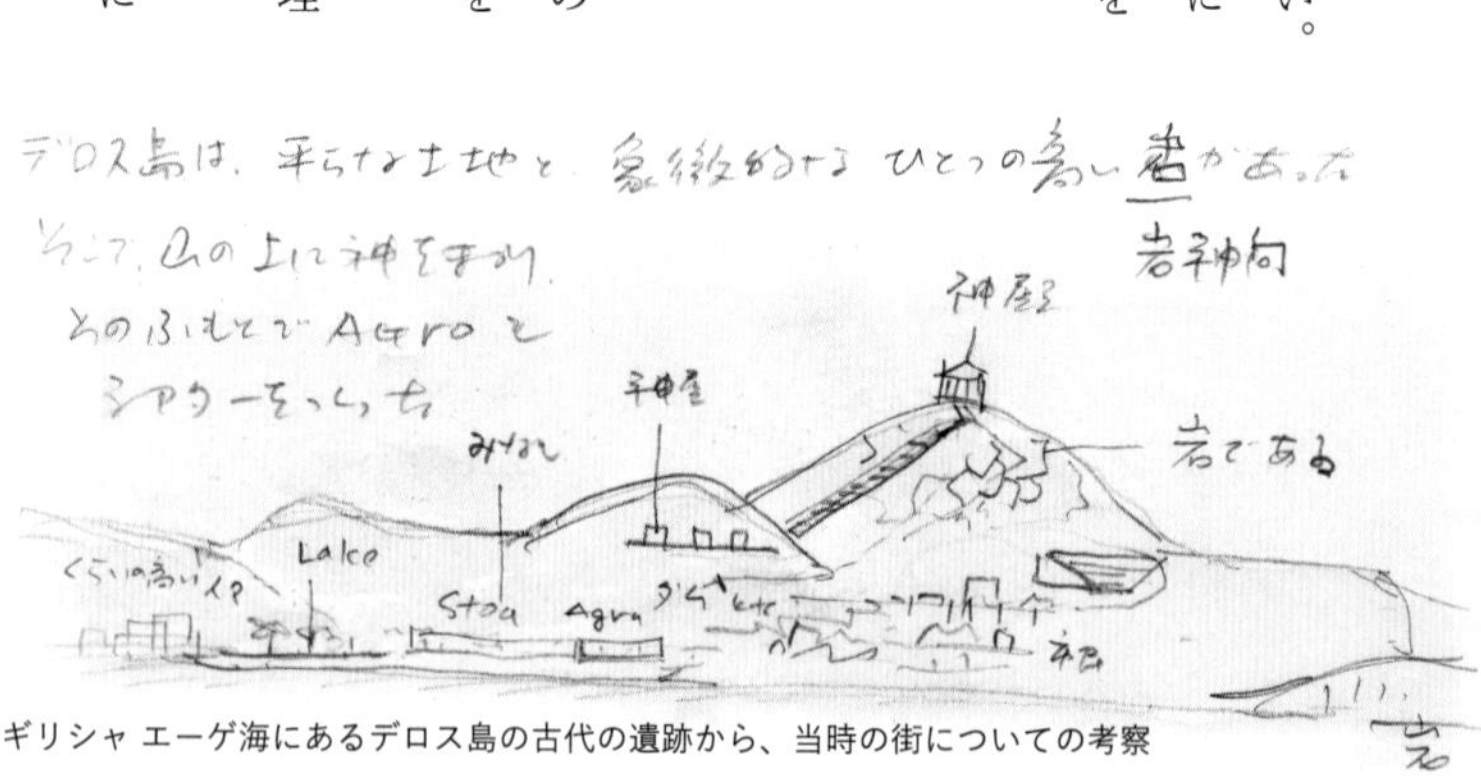

ギリシャ エーゲ海にあるデロス島の古代の遺跡から、当時の街についての考察

しかし一方で、僕は地域の気候、風土、文化を活かした名もない建築にもすごく惹かれる。それを建築の専門用語で「バナキュラー」[*13]というのだが、「土着の」や「自然発生的な」という意味をもつ。例えば、イタリアで見た山岳都市や、アジアで見たヒンドゥー教の集落、ジャカルタのカンポン[*14]。どれも風土や暮らし、文化に根ざし、そこにしかないものをつくり上げていた。外から見られるデザインよりも、必要性から生まれたもの。それは、近代建築とは違う意味でとても合理的だ。それらの建築は特有の風景をつくり出す。それを見て、僕はいつも、とても美しいと感じる。

世界には7000弱もの言葉が存在していると聞く。建築だって、同じように、いろいろあっていいはずだ。日本語も、ヒンドゥー語も、イタリア語も好きだ。どれも違って、どれも美しいと思う。

僕は、建築という〝箱〟がその土地と密接につながったときに、初めて場所が生まれるのではないかと考えている。そうすることで、その土地の人々、土着の活動ともつながることができ、あらゆるものの受け皿となれる。

*13 **バナキュラー（Vernacular）**
「その土地固有の」という意味で、バナキュラー建築は、それぞれの地域で産出される建材を使用して、その土地の気候や風土、文化に合ったデザインを考慮してつくられる。

*14 **カンポン（尼＝kampung，英＝kampong）**
インドネシア（尼）語で原住民の村という意味。

なぜワークショップをするのか

僕は設計のプロセスでワークショップを取り入れている。ワークショップとは市民などの使う側とともに建築を考える場であり、日本では1970年代以降に市民参加による公共建築の計画が行われてきた。最近では、建築の設計においてワークショップを採用することは一般的になっているが、そのあり方もさまざまで、使う人の合意を得て、説明責任を果たす場となっていることも少なくない。でも僕は、そんなことではなくて、ワークショップとは空想と空想がぶつかり合う場だと思っている。

もともと僕は、建築はみんなのもの、地域の居場所という感覚が強いのかもしれない。建築とは、みんなの思い、願い、夢が集まったものだ。それは大工の棟梁だった父親の影響がある。かつての日本では、お寺や神社など地域の建築をつくるときは、村人たちがお金を出し合って建てた。それは「普請《ふしん》[*15]」といわれていた。この「普請」も共鳴に近いものだと思う。いろんな人の思いを少しずつ集めて、今でいうとクラウドファンディングに近いものだろう。

*15 **普請（ふしん）**
昔の日本では、土木や建築工事のことを普請といっていたが、これには互助や相互扶助的な意味合いが含まれている。近代以前は、村などでは個人的な家を建てる際にも村民が皆で協力して家を建てたりすることが普通であり、お互いさまという意識で、家を建てるような大変な作業は皆で協力してつくるのが当たり前であった。現代よりも強い共同体意識が強かった。

僕がワークショップという手法に出会ったのは、福井の日華化学のオフィス「NICCA INNOVATION CENTER」（以下、ＮＩＣ／２０１７年竣工）を設計したときだった。日華化学は福井を代表する企業で１９４１年に福井に創立された化学メーカーだ。創立75周年を契機に、福井市の本社敷地内に従来の研究所に増築するかたちで新しい研究施設をつくることになった。

働き方が多様化している現代、日華化学も新しい時代にフィットする働き方を模索していた。テクノロジーが進化し、街中にはシェアオフィスやコワーキングスペースなど働く場もたくさんあるなかで、これからのオフィスはどうあるべきかを考える機会となった。

踊る社員たち

僕の実践しているワークショップを語る前に、同志社女子大学名誉教授の上田信行[*16]さんとの衝撃の出会いを話さなくてはならない。上田さんは教育学の先生であり、アメリカのＭＩＴやハーバード大学で教育環境のあり方を学び、楽しさのなかに学びが溢れているという「プレイフルラーニング」という概念を提唱している。実は、僕が設計に入る前、日華化学では上田さんによってワークショップが実施されていた。それはもともとオフィス建て替えプロジェクトのためのものではなく、働き方改革のためのものだった。

あるとき、上田さんが僕の事務所を訪ねてきてくれた。そしておもむろに紙に包まれたチョコレートをくれた。中身は至って普通の板チョコだったが、青い紙で包まれていて、どこのメーカーかは分からず、表には「ＬＯＶＥ」と大きく書かれていた。この状況だけを話すとなんだかとてもヘンテコなシチュエーションなのだが、ちゃんとオチがあるので聞いてほしい。

なぜチョコレートだったのか。上田さんは「教育で人は変わらない、環境（建築）で人は変わっていく」と考えている。つまり、「ＬＯＶＥ」と書かれた青い包み紙は環境であり、それ一つで、中身の単なるチョコレートが言葉の意味を纏《まと》った特別なチョコレートになる。突拍子もない行動も含めて、僕は上田さんの魔法にかけられた。

＊16 上田信行（うえだ・のぶゆき）
1950（昭和25）年-。同志社女子大学名誉教授、ネオミュージアム館長。大学卒業後、『セサミストリート』に触発され渡米し、セントラルミシガン大学大学院にてM.A.、ハーバード大学教育大学院にてEd.M., Ed.D.（教育学博士）取得。専門は教育工学。プレイフルラーニングをキーワードに、学習環境デザインとラーニングアートの先進的かつ独創的な学びの場づくりを数多く実施している。

上田さんは、日華化学の社員たちとともに「自分の望む生き方とは?」「働くとはそもそもどういうことなのか?」という本質的なことを考えるワークショップを行っていた。すでに1回目を実施しており、ワークショップの内容はファレル・ウィリアムスの「HAPPY」という曲に合わせてミュージックビデオをつくるというものだった。それを見て驚いた。シャイで真面目だと聞いていた福井県民が踊っている！　しかも、たった1日でこれをつくってしまったというのだから二度驚いた。

ミュージックビデオは一見、働き方改革と関係がないように思えるかもしれない。しかし、日華化学が新しいオフィスで掲げたテーマは「HAPPY WORK PLACE」であり、そもそも自分にとっての「HAPPY」とは何かを議論しないと始まらなかった。

僕は、これは面白そうだと思い、次回はぜひ参加したいとお願いした。

働き方という形のないものと、建築という形あるものは決して別のものではない。一緒に議論したほうがより具体的にイメージでき、設計を進められると僕は考えた。

僕は建築という環境をつくる仕事でありながら、上田さんの逆の考えで「環境（建築）だけでは人は変わらない。そこで起こる活動も重要だ」と思っている。上田さんと僕は、プラスとマイナスのようにお互い足りない部分を補い合えるのだと思えた。

体温を2度上げる

働き方のワークショップだと思って来た社員は、その内容にみんな驚く。例えば、似顔絵を描くワークショップがあった。テーブルの上の長い紙に、目の前の人の顔を描くのだが、これが変わっている。3秒描いたら隣の席に移って、また目の前の別の人の似顔絵を描く。それを続け、いろんな人が一人の人の顔を少しずつ描いていくのだ。面白いことにその人に似てくるのだという。

また別の日には、ブロック玩具をただひたすら高く積んでいくワークショップを行った。「ブロック玩具を高く積む」という単純な目標を前にすると、みんな子どものように夢中になるのだ。

これまで建築に関係のない仕事に就いている社員に、いきなり「建築について考

お店で買ったかえるの小物入 38E.

えよう」と言っても無理な話だ。しかし、ブロック玩具を積み上げて夢中になって手を動かすことで「こんなふうに楽しんでやればいいのかな。これならできそうだ」と思えるようになってくる。そうやって、少しずつ魔法にかけられていくのだ。

上田さんは、まず身体を動かすことが大事だという。いつもと同じことをしていてもクリエイティビティは生まれにくく、いつもと少し違うこと、手を動かしていつもより少しエネルギーを使うことが必要なのだ。とはいえ、大人にいきなり踊れとか、歌えと言っても、羞恥心から動くことができない。そこで音楽やブロック玩具を使い、シンプルな目標を設定することで、身体や手が自然と動くようになっていくのだ。上田さんはそれを「体温を2度上げる」と表現しているが、動き出したくなるような環境をつくることが上田さんの考えるワークショップという場だ。上田さんは、「働くとは何か」という、言葉だけでは具体的に表現しづらいものを、身体を動かすことであぶり出していった。その考えは、僕が観察するときに全身で感じることを大事にしていることとも共通していた。

このワークショップは40人ほどが参加し、1年で7回も実施した。前半の数回は、先ほどのような建築とはまったく関係のない内容で、1回に4時間ほどみっちりと行った。主催者はあくまで日華化学で、僕たちはファシリテーターとして進行を行い、ワークショップの前にはどんな内容のワークショップをするのかという会議を開き、一緒に考えた。

後半のワークショップは、前半で得られたインスピレーションや情報をもとに模型を作成し、1カ月後のワークショップに持っていき、議論をした。図面では想像しづらいが、模型だとみんな想像しやすい。そこで働いている自分を想像して、ワクワクしていた。模型をもとに議論し、そこで得られた情報を持ち帰って、また新しい模型をつくる。そのサイクルを何度も行い、設計案をブラッシュアップさせていった。

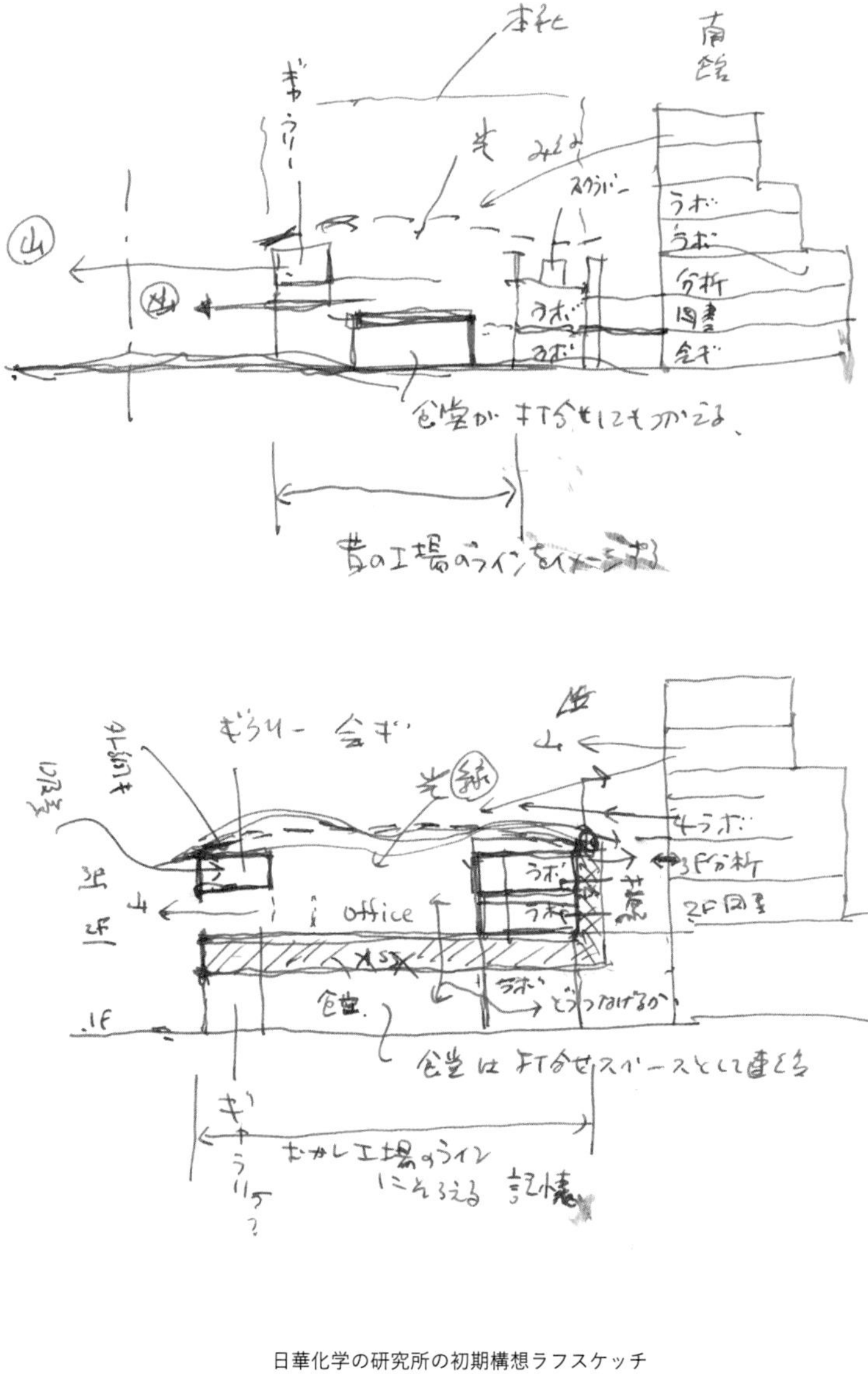

日華化学の研究所の初期構想ラフスケッチ

空想と空想がぶつかり合う

建築とは関係ない前半のワークショップは、純粋に楽しんでほしいと思っている。大人になると思いのほか、心の底から楽しいと思えるような機会は少なくなってくる。大人になると手や足を動かすより先に頭で考えてしまう。そうではなくて、feel（感じる）からthink（考える）に移行し、それを循環させるのである。

ワークショップが進むほどに、自分が抱いている思いや、これまで人前では恥ずかしくて言えなかった夢を社員たちは語るようになった。ある人は「実は、将来ノーベル賞を取りたい」と語り、ある人は「化学繊維の会社なので、いつかファッションショーをしたいと思っていた」と言う。それは間違いなく、それぞれの空想だ。

僕の考えるワークショップとは空想と空想がぶつかり合う場であり、なんでも言っていいと思えるようにするための場所だ。

みんなワークショップで魔法にかかり、常日頃から秘めていた思いを少しずつ開示していく。自分が「こうなりたい」「こんなことに挑戦してみたい」といった本心や思い、願いを語り、成長したいと思うようになる。一人が夢を語れば、また別の人も言いたくなる。そうして、どんどんみんなの思いや夢が集まり、膨らんでいく。ポジティブなエネルギーをもった空想は伝播していく。だが、席に座って話し合うような一般的な会議では、このような思いを拾い上げるのは難しいだろう。

空想からまた空想が膨らんでいく

ワークショップであぶり出されたたくさんの思いを受け取ると、僕の空想はますます膨らんでいく。事務所のスタッフとああでもない、こうでもないと毎日のように議論し、新たに模型をつくる。それを次のワークショップの際に持っていくと、みんな喜び、感動してくれる。どんどん夢が膨らんでいくと、最初の頃のように受け身でいる人は誰一人いなくなった。単なる会社のオフィスをつくるプロジェクトだと思っている人は一人もいなくなり、みんなの夢を実現する場をつくっているのだと気づく。

そうすると、さらに欲が出て、オフィスをつくるという枠を超えて、「自分たちの会社がもっとこうなるといいな」や「地域にも貢献したい」というように視野が広がり、どんどん自分で空想を膨らませていく。ここまでくれば、あとは僕らの力は不要で、自走していった。そう思えるようにしていくことこそ、ワークショップの最終目的だった。

多くの社員が、最初は会社に言われてしぶしぶ参加していたに違いない。ましてや会社の会議で自分の空想や意見を堂々と話せる人はそうはいないだろう。最初の頃のワークショップでは、「自分の席はどこですか?」とか「僕の部署はどの場所ですか?」と言い、多くの社員たちが受け身の姿勢だった。そんな彼らが7回のワークショップを経て、徐々に頭がほぐされ、少しずつ主体的な意見を言い始めた。僕が上田さんに魔法をかけられたように、ワークショップの場が社員たちに魔法をかけた。

光と風、そして水

実は、最初の頃のワークショップで提案したのは、僕が２０１３年に静岡の浜松に設計した「ROKI Global Innovation Center -ROGIC-」（以下、ＲＯＧＩＣ、4

章で説明）のような外部空間を感じさせるようなオフィスだった。

浜松は日本でも上位の年間日照時間を誇るため、光や風を取り入れて屋外のように過ごせる空間を成立させた。しかし、福井は雪が降り、日照時間も短い。外部のように過ごすことは難しい地域なのに、地域性を考慮せず、ROGICでの成功体験から同じような設計案を持っていってしまった。

その模型を見ながら、社員の人たちに「小堀さん、福井のこと分かってない！」と言われてしまった。今振り返ると、恥ずかしい話だ。

でも、おかげで議論して出てきたのが「サンルーム」というキーワードだった。福井は日照時間がとても短く、室内で光を楽しみたいと彼らは言った。

福井は盆地で、南北方向に卓越風（79ページ＊9参照）が吹くことが分かった。また、白山連峰から地下水を豊富に得られることから、繊維産業や越前和紙が生まれたこと、一乗谷の朝倉氏遺跡の周辺では豊富な地下水と大陸との交流をもっていたことを知った。この風景を見て、光と風、豊富な水を活かした建築ができないだろうかと考え始めた。


それと同時に僕たちは、以前の研究所のリサーチを行い、一つひとつの実験設備を調べていった。社員がオフィスにいる時間はとても長く、オフィスでどれだけ主体的に、楽しく仕事に取り組めるかが重要となる。受け身ではなく、自分ごととして物事や問題をとらえられるようになると、新しい発想も生まれる。これからの時代には、そんなオフィスが求められていると思った。

これまでの日華化学のオフィスは、学校のように長い廊下があり、その左右に研究室がある「中廊下式」といわれる典型的なプランだった。日華化学から「最先端の研究をしているのに、タコツボ化してしまっており、各々の研究成果が見えにくい」という意見があり、互いの研究のプロセスや成果、情報が交換できるようなオープンな場が必要だと考えた。

異文化が交錯するバザール

もともと福井という土地は、中世から日本海交易の重要な拠点で、大陸からの文化が持ち込まれる最先端の地域だった。土地のポテンシャルを最大限に引き出しながら、異文化や会社の外の「ヒト」や「コト」を受け入れることによって、化学変化が起きるのではないかと考えた。

そこで「バザール（市場）」をテーマにすることにした。東洋と西洋が混じり合うトルコのイスタンブールにあるグランド・バザール[*17]をイメージした。バザールはヒトやモノ、情報などさまざまなものが行き交い、街中を歩く楽しさがある。そんな場所にこそ、新しい発想やイノベーションが起こると考えた。

僕は、室内を4層吹き抜けの大きなワンルームにすることを提案した。エンジニアは仕事柄、どうしても個室に閉じこもってしまう傾向がある。これまで細かな部屋に仕切られ、閉じられた印象だった研究室をガラス張りにしようと考えた。室内の中心には「コモンズ」と名付けた自由に集まれる広場のようなオープンスペースを3つ設けて、室内を移動する際は必ずコモンズを通るように計画した。

コモンズは吹き抜けとなっていて、1階から最上階まで大階段が立体的につながっている。吹き抜け越しには別のフロアや人が行き交う様子を見ることができ、バザールのようにヒトとモノが交錯することを意図した。

コモンズからは、研究室のガラス越しに研究プロセスを見ることができ、エンジニアたちはコモンズに出てきて、社員同士が交流し、情報交換をすることもできる。

***17 グランド・バザール**
グランド・バザール（Grand Bazaar）とは、トルコのイスタンブールの旧市街中心部に位置する中東最大級の屋内市場のこと。トルコ語では「Kapalicarsi（カパルチャルシュ）」という。15世紀半ば、オスマン帝国のスルタン、メフメット2世によって建設された2つの市場に起源し、貴金属、宝飾品、絹織物などを扱う店が集まっている。

室内に自然光を取り入れ、サンルームのように心地よい空間をつくり出すため、コモンズのコンクリート天井には連続したスリットを設けることにした。それによって日中は照明が必要なく、自然光のなかで仕事ができる。また屋根形状を工夫して天窓を設けることで、南北に吹く卓越風を捕まえられるようにし、室内に自然の風を取り入れようと考えた。

コモンズは、フリーアドレス制にした。可動式のデスクを導入して自由自在にレイアウトでき、社員一人ひとりが自らの意思で働く場所を決めていけるようにした。これまでのように「あなたの席はここですよ」という与えられたものではなく、能動的に自分の働く場所を選ぶことが大切だと考えたからだ。

吹き抜けの大きな空間は伸びやかで心地よいが、それだけでは人は心地よさを得られない。なぜなら、働く人たちは常に同じ心持ちではなく、心地よいと思える場所は気分や時間、状況によっても変わる。そこで、「裏通り」と名付けた一人や少人数でこもれるような場所も用意し、自分で居場所を選べるようにした。

この建物では、福井の豊富な地下水を利用したいと考えた。自然光を室内に取り入れると、明るさだけでなく、熱も一緒に取り入れて暑くなってしまうことが課題だった。そこで、「光を冷やす」ことを試みた。光が当たる壁や床にパイプを埋め込み、地下水を利用して、太陽光からの熱だけを冷やす仕組みを採用した。一方、冬は温水を流して暖房にすることで、送風のない快適な暖房効果を得ることができる。

波風立てる

ＮＩＣのワークショップを通して、僕はワークショップとは大きな〝波〟をつくることだと感じた。子どもの頃、川や海があると、石を投げて遊んでいた。ぴょんぴょんぴょんと、どこまで遠くに飛ばせるか、日が暮れるまで石を投げたことを思い出す。水面に石を投げると、波紋が生まれる。大きな石であれば大きく波立ち、小さな砂なら小さな波紋になる。

僕が最初に設計案を出すことは、水面に石を投げることと同じだと思っている。誰かが石を投げると、また別の人が投げる。その石は、それぞれの空想なのだ。石をたくさん投げると、いくつもの波紋が共鳴して大きな波になる。最初の大きな石を投げるのは提案する僕らだが、クライアントが自分たちで石をいくつも投げられる環境をつくることも建築家の仕事だ。逆をいえば、僕がいくら石を投げても反応がなければ、僕は建築家として何もできない。

自分の意見を言うことが苦手という人は少なくない。間違ったことを言ってはいけないと心配しているのかもしれない。でも何が正しくて正しくないか、正解は一つではないことのほうが多い。いろいろな人のいろいろな意見がある。発言せずにくすぶるのはよくない。

もちろん平らな水面に石を投げ入れれば、当然水しぶきが飛ぶし、水面は乱れる。でもそれこそが設計に必要なことだ。

ワークショップで出てきたものは、僕はすべて一度は〝食べてみる〟ようにしている。いいものはどんどん取り入れたいし、料理で例えるなら、いろんな調味料を入れている感覚だ。そのあとに、「これとこれならどんな味になるかな?」と実験していく。そうやって、本当に必要なものを探していく。

僕は一人で建築はできないと考えている。いろんな人の意見や思いを取り入れながら実験していくと、1+1は2じゃなく、3にも4にもなるし、化学反応で思いもよらないものに導かれたりする。

だからこそ、ワークショップはいろんな人が発言してもいいと思える環境や空気感をつくることが大事だ。そうして生まれたさまざまな意見が波紋となって広がり、重なり合って大きなうねりとなっていく。NICのワークショップはそれを強く感じたプロジェクトだった。

僕はワークショップをしていると、すごく幸せな気分になる。みんな回を重ねるごとに目を輝かせるようになり、生き生きとしていく。空想を膨らませ、それが集まって大きなエネルギーとなっていく。僕だけでも、あなただけでもない、僕たちという感覚。それを感じると、僕はとても幸せな気分になる。

施主との共鳴

僕が設計事務所を立ち上げて、最初に設計したのが浜松にあるＲＯＧＩＣだ。島田貴也社長をはじめとするクライアントの人たちと共鳴するために、プロジェクトの前にいろいろな建築を見に行った。この旅がひとつのワークショップだったといえる。

アメリカのルイス・カーンの「ソーク生物学研究所」（１９６６年）を例に挙げ、「僕はこの建築に感動し、こんな建築を自分もつくりたいと思っている」と伝え、ともにアメリカまで見に行った。また、「桂離宮も見たほうがいいです」と言ったら、そこにも一緒に行く。その行動力に並々ならぬ熱量を感じ、プロジェクトの成功を確信した。

ソーク生物学研究所は、南カリフォルニアのサンディエゴの太平洋沿いにある。創設者のジョナス・ソーク博士はポリオワクチンを開発した人物で、研究所をさまざまな人間の交流が行われる場にしようと考えた。ソーク博士は、カーンに「ピカソが来たいと思うような研究所にしてほしい」と言ったという。

実際に訪れていちばん感動したことは、研究所という機能性はきちんと押さえながらも、さまざまな人々がインスピレーションを得られる空間になっていることだった。研究棟と研究棟の間の中庭には、なんにもない。それを専門用語でヴォイド[*18]というのだが、ヴォイドが海に向かって開いているのだ。中庭には植物などもなく、海から真っ直ぐに引かれた細い水路のみ。1年に2回、春分と秋分の日には水路の延長線上に陽が沈む。空と海だけしか見えず、研究者たちはここで一人になって思考できる。

同じく、カーンが設計したキンベル美術館にも行った。アメリカのテキサス州にあり、連続したかまぼこ状の屋根が特徴だ。テーマは光で、トップライトから入るテキサスの強烈な光をアルミの反射板が柔らかな光へと変える。曇りになると一瞬にして空間の印象がドラマチックに変化し、かまぼこ型のコンクリートの天井が銀色になる。空の変化に伴って、室内の光も刻一刻と変わっていく。

これらの空間を一緒に経験できたことは非常に良かった。大きな光天井にするデザインを提案し、「インスピレーションや空想を膨らませるには、こういう空間が

＊18　**ヴォイド**　意識的につくられた構造物がないがらんどうの空間のこと。

必要なんです」と説明すると、島田社長は非常に共感してくれた。お互いに同じものを見て感動し、たとえ感じ方が違ったとしても、同じ空間にいることで共鳴が起きる。一緒に同じものに感動し、共感した経験というのは、本質的な部分でつながることができる。

こうした島田社長とのキャッチボールや共鳴によって、構想は本質的な研究所としての〝場所〟の議論を経て、ますます深まっていった。つまり、研究所はどうあるべきかといった議論によって、在り方が輪郭を帯びていったのだ。

カーンの建築と離宮を訪れたことは、僕にいろんなインスピレーションを与えてくれた。それまでの研究所といえば、どちらかというと人間よりも、機械や管理のことが優先されていた。しかし実は、ソーク博士が言ったようにいちばん大事なのは、誰でもここにいつでも来てもいいと思えるような環境をつくることであり、クリエイティビティを刺激するような場所をつくることこそが、研究所にとって必要なことなのだ。

キンベル美術館の内部のスケッチ。
構造や素材についても気づいた点をメモしている

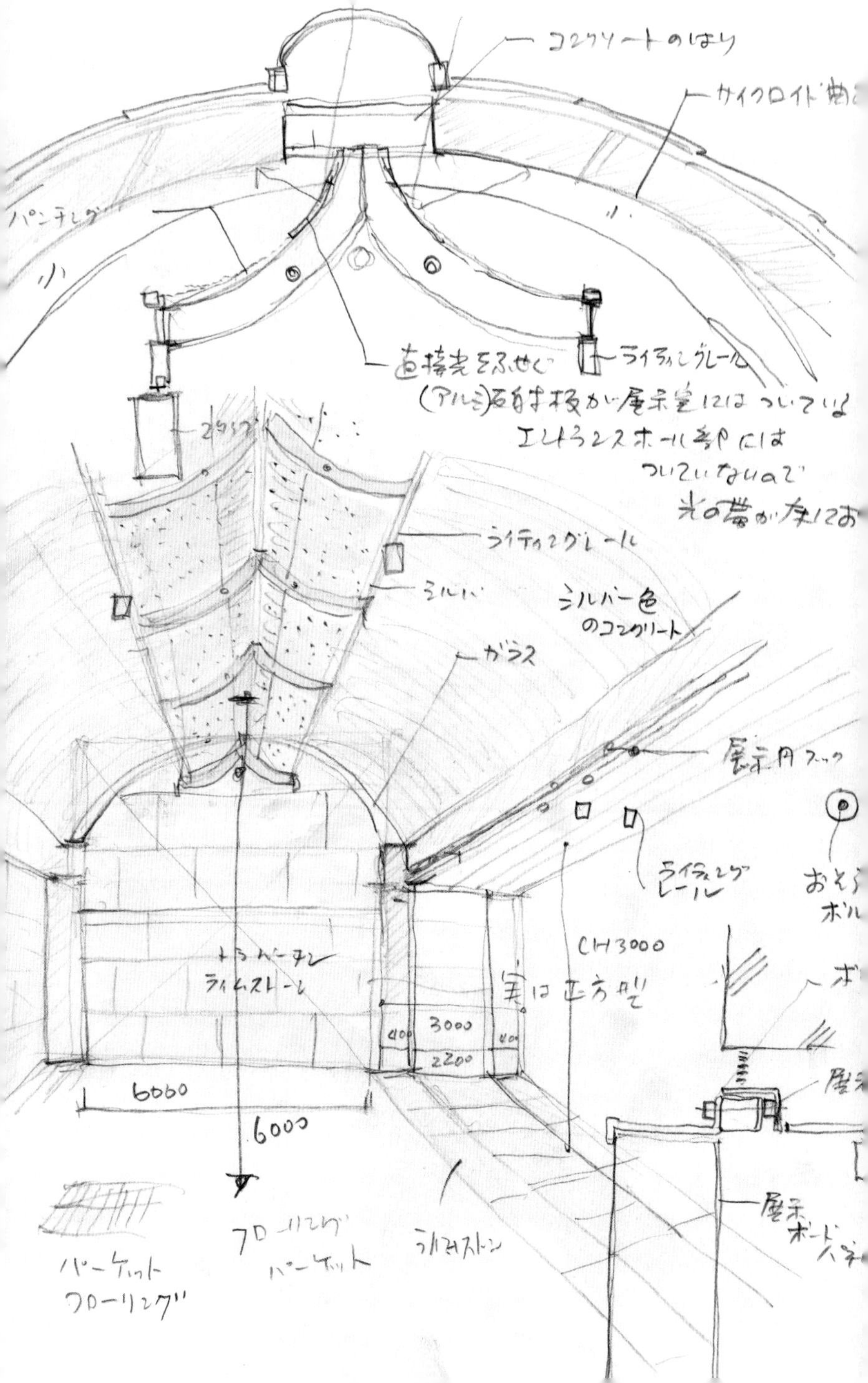
コンクリートのはり
サイクロイド曲
パンチング
直接光をふせぐ
ライティングレール
(アルミ)反射板が展示室にはついている
エントランスホール部には
ついていないので
光の帯が床にお
ライティングレール
シルバー色
のコンクリート
ガラス
展示用フック
ライティングレール
おそ
ボル
CH3000
実は正方形
トラバーチン
ライムストーン
3000
400
400
2200
6000
6000
パーケット
フローリング
フローリング
パーケット
ライムストーン
展示
ボード

歴史のなかで建築をつくる

２０２１年までの数年間は、福井・あわら温泉の老舗、べにや旅館の再建プロジェクトに関わった。このプロジェクトでももちろんワークショップを行ったが、歴史との共鳴も同時に重要なことだった。

べにや旅館は１８８４年創業の歴史を誇り、木造の数寄屋づくりの建物は有形文化財に指定されていた。芸術家の宿としても知られ、作家の水上勉や曽野綾子、井伏鱒二などが宿泊し、昭和の大スター石原裕次郎も愛した宿として有名だった。しかし残念なことに、２０１８年に建物が火事で全焼し、敷地にはかろうじて日本庭園だけが焼けずに残った。

べにや旅館の主人である奥村さんとおかみさんが、福井のＮＩＣを見て、僕を訪ねてくれた。ＮＩＣの福井の豊富な地下水や光、風といった自然の力を最大限に活かして建築を設計している点に共感してくれたようだった。

最初にお会いしたとき、奥村さん夫妻は悲痛な面持ちだった。それは無理もない。

6代にわたって引き継いできた旅館を一夜にしてなくしてしまったのだ。そのときは設計を依頼されたわけではなく、ただ静かに話をしただけだった。僕は、夫妻に京都の大山崎にある聴竹居《ちょうちくきょ》に行くことを勧めた。

聴竹居は建築家の藤井厚二*19が設計した自邸であり、実験住宅だ。藤井は京都大学で環境工学を研究しており、5番目の自邸として1928年に設計された。明治に西洋化が進み、洋館などが建てられるなか、藤井は四季のある日本の気候風土に合った住まいを追求している。平屋建てが見晴らしの良い高台に建ち、南北に細長いプランで、居室を中心に客室や食事室、縁側があり、奥には私的な寝室や浴室などがある。居室の一角には3畳の小上がりがあり、西洋から入ってきた椅子座《いすざ》と日本特有の床座《ゆかざ》の融合を図っており、椅子に腰掛けた人と畳に座った人の目線が揃うように配慮されている。

風など自然エネルギーの利用を模索し、環境工学という当時の最先端技術を用いている。光や風といった自然エネルギーの利用など、今でこそ珍しくはないが、80年近くも前の時代にそれに取り組んだ「環境共生住宅の原点」ともいえる住宅で、僕は初めてここを訪れたとき、とても感動したことを覚えている。

奥村夫妻はすぐに見に行ってくれ、僕が勧めた理由が分かったようだった。その

＊19 藤井厚二（ふじい・こうじ）
1888（明治21）-1938（昭和13）年。東京帝国大学工科大学建築学科卒業後、竹中工務店に入社。退社後、京都帝国大学で教鞭をとりながら、研究していた環境工学の成果をもとに5つの実験住宅を建てた。1928年に建てられた「聴竹居」は5軒目にあたり、のちに「昭和の住宅」として初めての国の重要文化財となる。建築家・建築学者。「聴竹居」は、日本の気候風土と日本人の感性やライフスタイルに適合させた普遍的な「日本の住宅」の理想形とされ、近代住宅建築の名作ともいわれる。

後、「設計をお願いしたい」という連絡があった。

旅館が地域に果たす役割

べにや旅館は新築を建てるプロジェクトではあるのだが、これまで取り組んできたプロジェクトとは少し違う。なぜなら、おかみさんをはじめ、お客さんたちに、かつてのべにや旅館の強烈な記憶が残っているからだ。火事のあとに宿泊客たちから多くの手紙が届き、いろんな思いが蓄積されていた。奥村夫妻だけでなく、あわら温泉のたくさんの人たち、べにや旅館を応援してくれている福井の人たちの思いに応えていかなければいけないと感じた。

歴史や記憶といった目に見えないものをどうやって形にしていくか——そこには空想力が必要になる。設計の先にある、みんなの記憶や目に見えない思いみたいなものをもう一度もつ建築にしたいと思った。

目に見えないものを共有する

記憶や思いを共鳴したいと思い、ワークショップを行った。火災後に従業員は各地のホテルや旅館で働いていたが、おかみさんたちが呼び掛けると、みんなが集まってくれた。しかも、地域の人々やあわら温泉にあるほかの旅館の女将たちまでもが集まってくれたのだ。同業他社のためにわざわざワークショップに参加するなど、普通であればあり得ないだろう。さらに、牧場などこれまで取引のあった生産者たちや奥村夫妻の同級生たちも集まってくれた。

ワークショップの初めには、一人ひとりにインタビューを行ったのだが、どの話にも物語があり、すべてに感動してしまった。例えば、蕎麦屋を営む同級生の一人は、べにや旅館の先代が亡くなるときに「息子に何かあったら、そのときはよろしく頼む」と言われたという。それほどべにや旅館が愛され、いろんな人とのつながりの総体としてべにや旅館があるのだということを実感した。早々に東京に出てきた僕にしてみると、地域のコミュニティというものの力を改めて感じた。旅館というものは、単なる宿泊する施設なのではなく、地域の人々の思いが詰まった〝場〟だ。そういった地域との密接した関係性が旅館の魅力であり、その旅館がなくなるというのは、この関係性がすべて切れてしまうことになると考えた。

ワークショップは2回行った。1回目に僕らが用意したのは、著名建築家が設計したものや、全国で頑張っているさまざまな老舗旅館の模型だった。京都の俵屋旅館[*20]（増築部設計：吉村順三）、伊豆の三養荘（1929年／新館設計：村野藤吾）など、さまざまな老舗旅館を調べていくなか、歴史ある旅館が時代のうねりに飲み込まれ、経営者が変わり、名建築もうまく活かされていないところもあった。そんななか、べにや旅館が福井のあわらという地域で踏ん張っていることは、本当にすごいことだと思った。

私から、私たち、そして私へ

建築は人間の身体《しんたい》的なスケールが基準になっていて、歴史、自然界のエネルギー、重力、雨風をしのぐといったいくつもの普遍的な連なりによって成り立っている。その中に入って、もしくはその建築に集まって人々が食事をしたり、学んだり楽し

*20

俵屋旅館（たわらやりょかん）
俵屋旅館は、「日本最高峰の旅館」とも称される、1704年創業の老舗旅館。1958（昭和33）年に竣工した本館の増築部は建築家である吉村順三により設計された。その後、1965（昭和40）年に完成した新館も手掛けている。

三養荘（さんようそう）
三養荘は、静岡県伊豆長岡にある、旧三菱財閥岩崎家の別邸を中心に増築された旅館。京都の職人たちが手掛けた京風数寄屋の本館に対し、新館は村野藤吾がそれを継承しつつも近代的な感覚を加味したモダンデザインが特徴となっている。

んだり、おしゃべりをするような場所だ。それら一つひとつが集まってきて街になっていく。それは地球上、どの場所も同じである。それが普遍的なことであると考えている。

家を考えると、それはとても個人的なものから始まっている。どういう間取りが良いだろうかなど、一つひとつ考えだすと、それぞれ違ってくるのは当然だ。また、家族一人ひとりの考え方も違うから、私の部屋はこうしたいだけど、食事するところはこういうふうにしたいなど、いろいろ意見はあるだろう。

そうやって、だんだんと「私」から「私たち」になってくる。

学校についても同じだ。一人ひとりの個性はとても大切であると同時に、一緒にみんなで課題を考えたり、同じ授業をみんなで受けて話し合ったりしなければいけない。複数の先生で30人以上の子どもたちを教えるときもあるし、講堂で一人の先生が６００人ぐらいの生徒に話すときもあるだろう。そこにはさまざまな対話の形がある。生徒は、授業が終わったら質問したいかもしれない。友達と相談したいかもしれない。授業が終わったあとの休憩時間に遊びたい人もいるかもしれない。もっと一人で勉強したいのかもしれない。そのような一人ひとりのニーズに応えられる居場所や空間が教室の周りにたくさんあることがとても大切だと思う。

働く場所について考えると、それは働いている人たちみんなのことを考えなくてはいけない。大きな会社になればなるほど、組織やチームワークが大切になってくる。「私」が「私たち」になり、どんどん大きくなっていく。そうするとできるだけみんなの、チームの考え方を聞きたくなってくる。ワークショップでいろいろ考えてみよう、一人がみんなのために考えてみよう、みんなの考えを包摂した空間はどんな空間か考えてみよう、とみんなに問い掛ける。

街について考えてみると、それは住んでいるみんなのことを考えなくてはいけなくなってくる。この建築ができたら街の人たちが生き生きと会話を楽しめたり、街にサーカスが来る場所になったり、今まで見ることができなかった世界の芸術や芸能が感じられるかもしれない。と同時に、その建築や街が地球に与えるインパクトを考えなくてはいけなくなってくる。ここに大きなビルを建てたらどんなふうになるだろうか。遠くから見ると、この建築が何か邪魔をしてはいないだろうか。この建築のせいで日光が当たらなくなり、木が枯れてしまうことはないだろうか。排出される汚れたものが環境を汚染しないだろうか。たくさん水を使ったり、電気を使ったり、ガスを使ったりお金がかかるんじゃないか。地震が起きたら倒れてこないだろうか、でも地震が起きたらその場所に逃げ込めばいいかもしれない。

そうやって「私たち」について考え、たくさんの意見を聞き、共有したあとに、また「私」(僕)が創造的なインスピレーションをもって建築を空想していく。それはまだ荒々しい形《フォルム》であり、互いの知識や経験を混ぜ合わせて得るコミュニケーションの連続から生まれた荒々しい形状である。完成されていない、だがそこに大きな可能性があると信じている。そこには、設計者とクライアントを超えた「私たち」の創造性がある。

建築をつくるということは、「私」の空想から始まり、やがて「私たち」(建築を取り巻く多くの人々)の空想が重なっていく。そして最後は、インスピレーションとして「私」に戻ってくる。その他者との関係の連続性の中に、答えとなる建築はあるのではないかと思っている。

家について

僕の考える建築は、すべて使う人や施主といった他者との対話なしには成立しない。だが、一つだけ例外がある。それは、我が家（僕の家）について。今、僕は自分の家をつくっている。自分と家族にとって最も居心地の良い場所をつくることに１００％集中する。そして東京でいつも感じていた足りなさ、つまり田舎で育ったときのような自然への愛を込めたいと思う。家の前には大きな4本の桜がある。

居心地が良くて美しくて自然が感じられ、自分の好きな場所はそんなに大きくなくて、鳥たちが集まってきて、家族や親しい友人たちや突然訪れた人たちがテーブルを囲んで食事をしたりする。冬はあったかくて夏は涼しくて扇風機が回っている。飼っている猫も犬もうとうと寝ている。いつも使うものがあったり、いつも通る場所だったり、生活のリズムを整えたりする機能的な空間でもある。

庭には四季を感じられる植物、植木鉢にはきれいな花が咲いている。

柿が実るときは持って帰ってよ。みかんが採れるときは搾ってジュースにしようかな。実がなる木には夜中に行くとカブトムシが捕れる。天ぷらやサラダにできる小さな畑があるといいよね。

将来子どもたちが大きくなって部屋が余ったら大きくしてもいい。でも子どもたちが新しい家族をつくったら、ちゃんと生活をともにできるようなおおらかな空間があったらいいな。自分たちの記憶が残って、本や写真が置ける大きな壁や本棚も欲しい。そこでお気に入りの写真を見たり、本を読んだり、工作できたりしたらなおいいよね。

子どもたちの友人や近所の親しい人がいつでも訪れてきて、ついつい時間を忘れてしまう。明日は学校があるけれど泊まっていきなよ。明日は明日考えればいい。誰にも邪魔されずに、自分の好きなことができる。誰かが来ても快く簡単な食事をつくり、時には和室で一緒に寝たふりをして、夜更かしをする。

家は、自分のすべての夢が詰まっている城でもあるが暮らす場所でもある。

そして暮らしとは、夢というような大げさで手の届かないものでもないと思う。

１００％自分と家族のためだけの家をつくりながら、僕はまた１００％他者との対話のなかでつくる建築へと帰っていく。

そこにまた新たな発見がある。

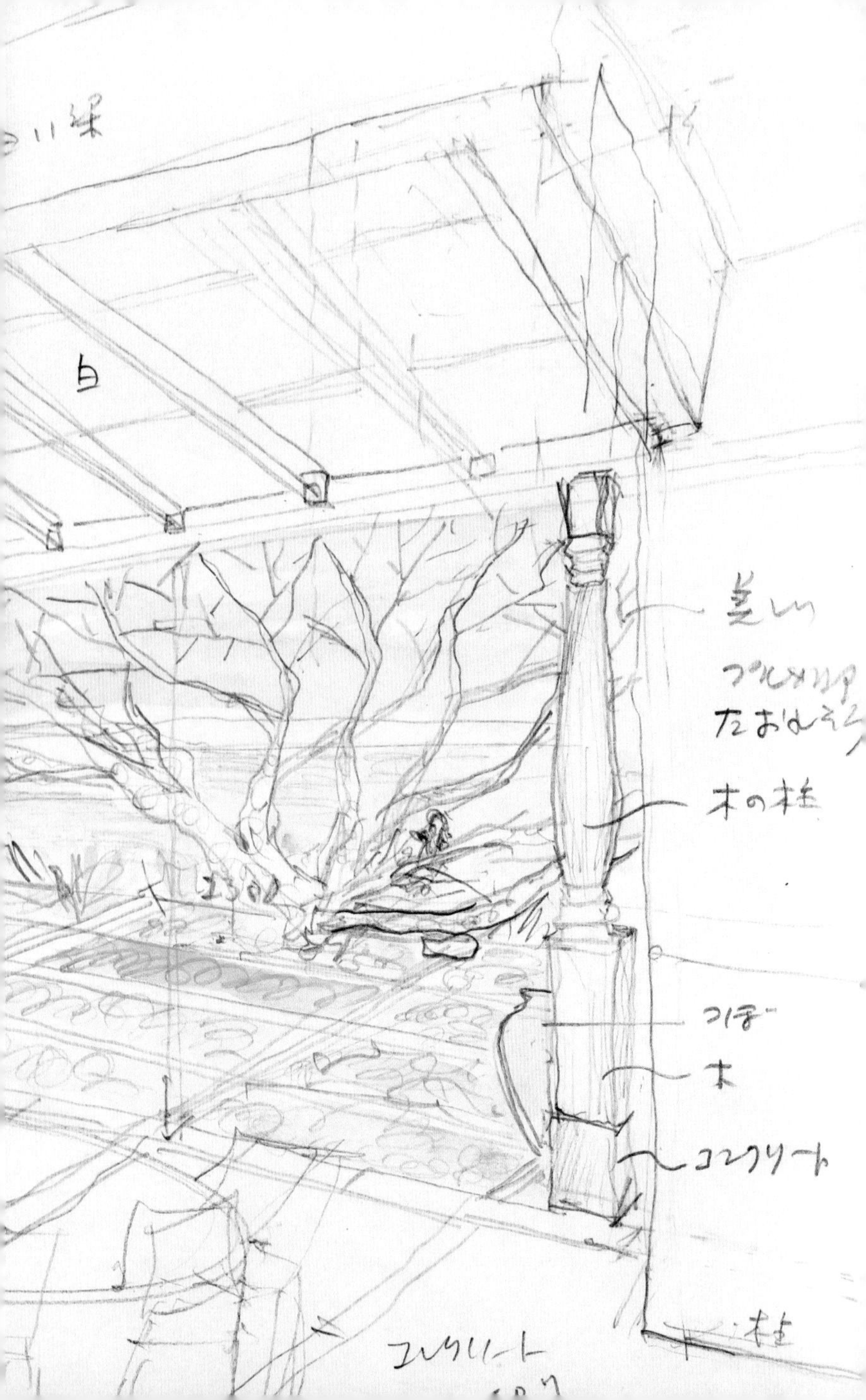
白
差し
プルメリア
木の柱
つぼ
木
コンクリート
柱
コンクリート

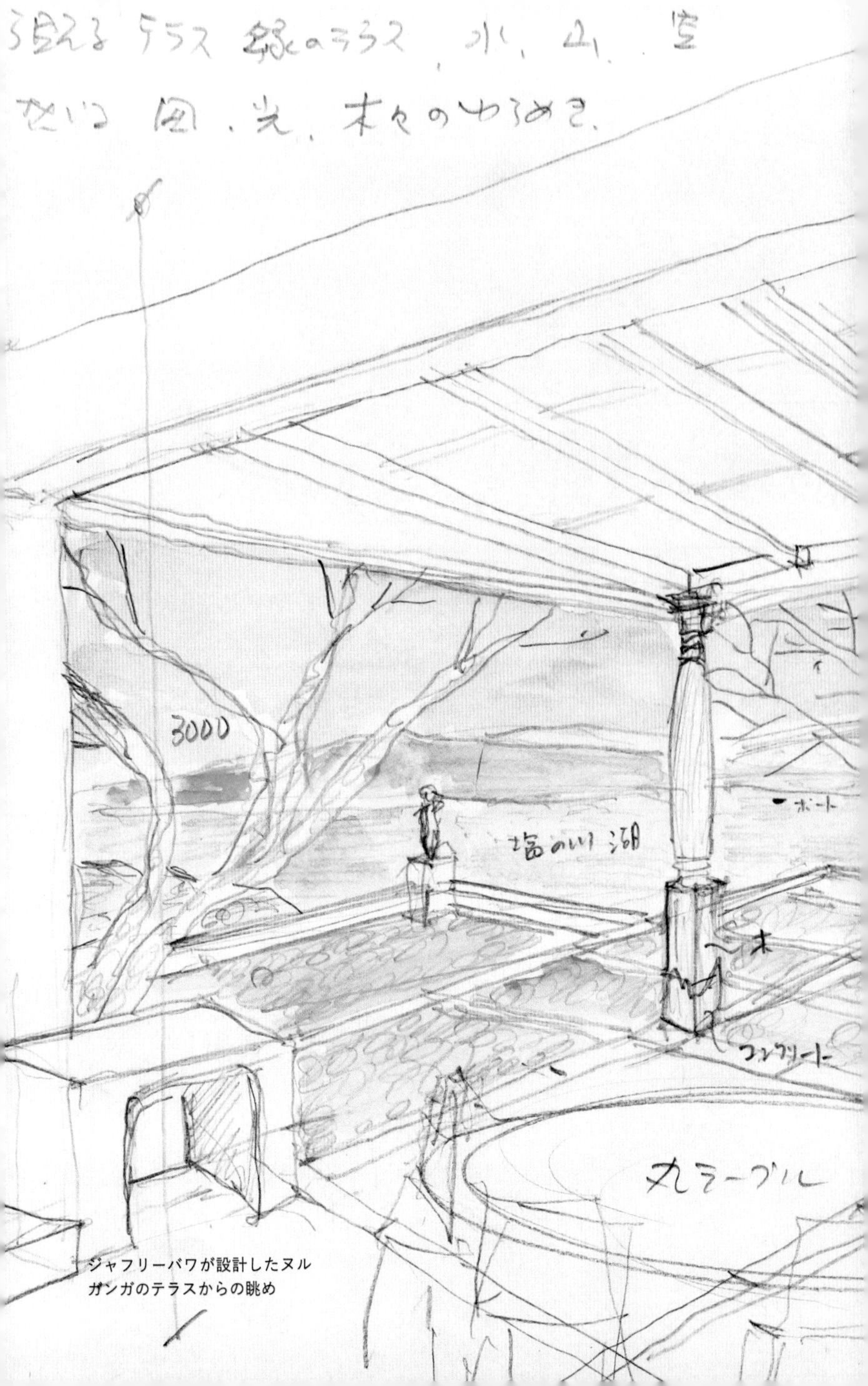

ジャフリーバワが設計したヌルガンガのテラスからの眺め

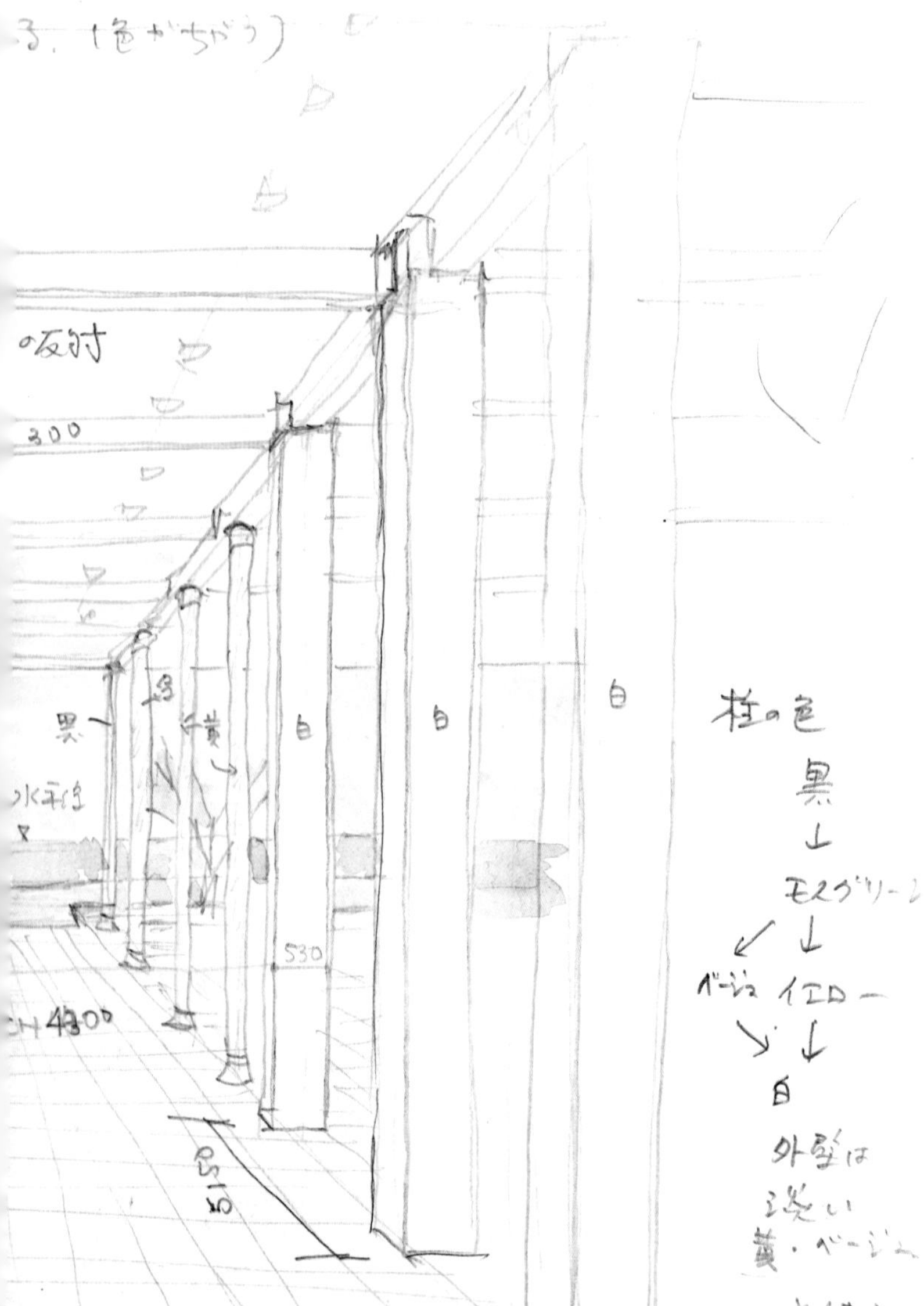

インフィニティープールの原型

第4章

木と石、風と水、職人たちとの対話

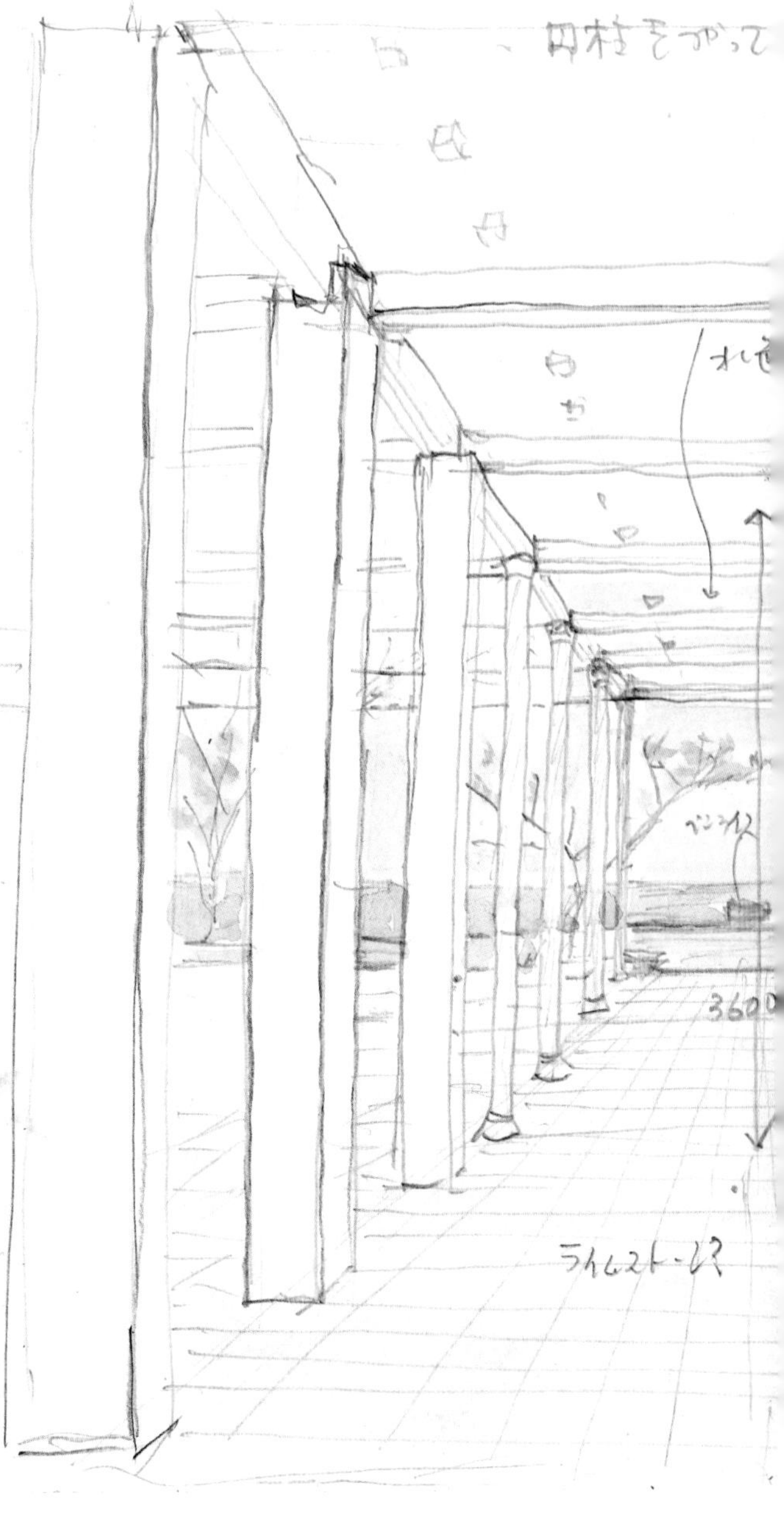

紙飛行機

子どもの頃、小学校で紙飛行機大会があった。どれだけ遠くへ飛ばせるか、みんな工夫を凝らしながら体育館のステージから飛ばす大会だった。

僕はまず図鑑で翼の構造を調べた。翼の上側が曲面になっていて、翼の下側が直線になっていると浮力が生じ、浮くことが分かった。先端に重りをつけてみると、遠くへ飛ばすことができた。次に垂直に伸びる翼をつけると真っ直ぐ飛んだ。こうして紙飛行機はどんどん進化し、どんどん遠くへ飛ぶようになった。

やがて紙飛行機はステージから体育館の反対の壁にぶつかり、測定不可能になった。それで紙飛行機大会は運動場になった。すると、今度はうまく飛ばない。外は空気が流れているからだ。体育館という風のない場所では、紙飛行機は真っ直ぐ飛んだ。でも外に行くと風の流れや地面が真っ直ぐじゃなかったりして、思うように飛ばない。

そこで初めて自然というものを意識した。

横風に耐えるには、ある程度全体の重量が必要だと思い、紙を二重にして紙飛行機をつくった。そうすると重さに耐えきれず、すぐに失速した。今まではステージがあったから、遠くへ飛ばせた。飛ばす角度が重要だと気づいて、角度は何度で飛ばせばいちばん飛ぶかを実験した。それだけではない。自然は変化する。風も変化する。太陽が眩しい。砂埃が舞う。僕たちは常に自然を相手にしているのだということが分かった。

紙飛行機一つとっても、おかれる環境で大きく条件が変わる。頬に当たる風や紙飛行機の飛行距離、紙風船やシャボン玉が飛んだり、たんぽぽの綿帽子が遠くまで飛んだりすることがとても不思議で、魅力的に感じるようになった。

そのときから風というものが〝場所〟の特性であり、環境を決定づける重要な要素だと思うようになった。そのとき風と戯れた経験は、自分にとって重要な記憶だったと思う。

これから建築をする高台で、大空に鳶が凧《たこ》のように静止している姿を見て、この風を捕まえたいと思った。

手でつくる対話

自分で何かをつくりたい。最初にそう思ったときのことを考えてみると、きっかけは何か抑えきれない衝動があった。

衝動の発端は感動であり、心の奥底から湧き上がる感情にある。その感情を自分の手の中に封じ込めて、再現したいということであり、自分がつくれるのではないかという自信をもち始める。自分が何者かになれるような気がする。

その感動がいつ訪れるのかは分からない。港で大きな船をつくっている風景を見たとき、山深いお寺の本堂に立ったとき。真っ黒い鉄の塊である蒸気機関車の細かな機械を見たとき。とてつもない岩山を見たとき。

そのときに本能的に何かをつくりたいという気持ちが抑えられない。

それを手に入れたいという衝動によって、そのものを観察し、スケッチを描く。そうすると何か自分のものになった気がして、また観察をすると自分しか発見できなかったことが見つかった気がしている。

そうした自分だけの経験や観察の発見は宝物になる。

運良く自分の家族や自分の周りにはものをつくる道具や環境があった。自然の中には、素材がたくさんあった。自宅には木の切れ端はたくさんあったし、切ったり貼ったりくっつけたりする道具はなんでもあった。

素材や道具があったとしても、木は思うように切れないし、樹種によっては曲がってしまう。そんなふうに自分の思い通りにならない木と道具を通した手の対話が、常に相手を知ることでものがつくれるということにつながっている。失敗を繰り返しながら、危ないナイフを手にしながら、常に即興的に手でつくる楽しさや、ものと対話するということを繰り返すうちに、自分の理想に近づいていく。自分のつくりたいものへと近づいていく。

これがたまらなく、嬉しかった記憶がある。

言葉に置き換えてしまうと、自分自身とものとの対話。だけど、言葉に置き換えてしまったとたん、頭で理解してしまってはよくない。ものをつくるには、手を動かしながら感じ、ものを通して自分自身と対話する必要がある。

これらは、今までの積み重ねのうえでつくることが可能だ。スケッチする鉛筆。つくるための道具からつくること、素材のこと。まだ言葉がなかった時代、人間が初めてものをつくろうとしたときはどんな気持ちだったのだろうか。誰のためでもなく、誰かに見てもらいたいというわけでもなく、自分が素直につくりたいという衝動や欲求に沿って、手と道具でものをつくる。

建築家になっても設計だけでなく、ものとの対話が必要だと僕は考えている。

建築ができるまで

空想を膨らませ、丁寧に観察して、直感やひらめきを得る。実際の設計の流れでいうと、いろいろなことを空想しつつ、最初に建築を建てる場所を見に行く。そこがどんな地域で、どんな歴史をもっているのか。どんなふうに光が入って、どちらから風が吹くのか。どのような地形で、そこからはどんな景色が見えるのか。さまざまなことを丁寧に調べていく。

それと同時に、クライアントからいろんな話を聞く。なぜ新しく建物を建てたいのか、建築を通してどんなことを実現したいのか、現状の問題点や不安点、予算はいくらかなどなど。夢や理想と同時に現実的なことをヒアリングしていく。

これらは「事前調査」「敷地調査」などと呼ばれることもある。

僕はクライアントと膝を突き合わせてとことん話す。それは敷地も一緒で、時間や季節を変えて何度も訪れ、徹底的に向き合う。ここは観察の段階だといっていい。この段階で、どれだけ検討するための材料を集められるかが、次の設計段階に大きく影響する。いろんな可能性を探るには、選択肢はたくさんあったほうがいい。

ヒントになりそうな建築があれば、とにかく見に行く。その建築がなぜこのプランになったのか、なぜこのデザインになったのか、スケッチを描きながら思いを巡らす。わざわざ別の建築を見に行くのは、遠回りのようにも思えるかもしれない。しかし、どこにヒントが隠されているかは分からない。「急がば回れ」だ。無駄に思えるようなもののなかに、ヒントがあることは多い。そうやって徹底的に観察し、素材を集めていく。

建築事務所というチーム

集めた材料をテーブルの上に広げたり、資料や写真、スケッチを壁に何枚も貼ったりして、僕は事務所のスタッフと議論する。僕の事務所には、大学を卒業したばかりの人からベテランまで16人のスタッフがいる。僕が出した案に従うのではなく、みんなに遠慮なく意見を言ってもらいたいと思っている。みんなもそれを分かっているので、ミーティングではいろんな意見が飛び交う。「確かにその考えもあるな」「それは気づかなかった」など、僕自身も彼らに共鳴していく。

そうして基本の案が固まっていくと、次はCAD[*21]（Computer Aided Design）というソフトを使ってパソコンで平面図、断面図、立面図などの図面に起こしていく。立体でしか分からないことがあるため、模型もつくる。

それと同時に、構造や電気などの設備、床や壁の仕上げなど、とにかくいろんなことを決めていかなくてはいけない。僕の事務所では構造や設備などはプロに協力を得ており、プロジェクトの初期段階からミーティングに入ってもらっている。

次は、施工会社に図面を渡し、いよいよカタチにしていく段階だ。

建築家にとって図面は、つくってくれる人への手紙だといっていい。僕は施工会社の職人にも気持ちよく仕事をしてほしいから、細かいところまで表現し思いのこ

*21 CAD
Computer Aided Design の略称で、「コンピュータ設計支援」と訳されるソフトウェアのこと。建築以外にも自動車やスマートフォンなどの製品の図面の設計、作図をするのに欠かせないツール。

もった図面にしたいと思っている。

施工が始まると、設計事務所は「施工監理」という仕事になる。施工監理とは、簡単にいうと、工事が図面通りに進んでいるかチェックすることだ。また、施工会社とは月に2回程度で定期的に会議を開き、疑問点や不明点を解決していく。

そして、ついに建物が竣工する（完了することを専門用語でこう呼ぶ）。長いと設計から竣工まで何年もかかったプロジェクトもあった。建築家の仕事はいろんな段階で、いろんな人たちと仕事をする。苦楽をともに味わうから、竣工時には強い絆で結ばれた仲間になっている。竣工式に感極まって泣いている人もいるくらいだ。喜びを分かち合える仲間ができることは、建築家の仕事の醍醐味だと思う。

図面を描く人、建物を建てる人

僕の父親は大工の棟梁だった。幼い頃、父親の仕事現場について行き、そばで仕事をよく見ていた。ものづくりをしている人を見て、ワクワクしていたことを今でも思い出す。

それと同時に、ものづくりの厳しさも教えられた。実家の近くに大きなお寺があり、父は住職に頼まれ、時間をかけて庫裡《くり》*22を普請していた。実家から目と鼻の先なのもあって、僕はよく遊びに行っていた。庫裡の中には、耳に鉛筆をかけ、墨壺で図面を描き黙々と一人で作業する父の姿があった。たった独りで木を刻み、建てていく。その姿に、僕はなんて孤独な仕事なのだろうと思った。ものづくりの道を生きる父に尊敬の念と同時に畏怖の念も、子どもながらに感じていたように思う。

実家を整理していたら、僕が子どもの頃に書いた作文が出てきた。そこには、「お父さんは天才だなと思いました」と書いてあり、記憶がまったくないので、そんなふうに思っていたのかと改めて知った。

そういう記憶が僕にしっかりと刻まれているからだろうか。今でもものづくりをする職人を圧倒的に尊敬している。僕はデザインを考え、図面は描くけれど、木を刻むことはできないし、コンクリートを練ることもできない。職人がいなければ、僕らが描いた図面も線の塊でしかない。彼らなしには建築は成立しないのだ。

＊22 庫裡（くり）
主に禅宗のお寺の台所のこと。

大工の国に生まれて

現在の建築家というのは、ヨーロッパから入ってきた概念で、明治以降に輸入されたものだ。日本の建築のルーツは大工にある。日本のゼネコンは、竹中工務店[*23]にしろ、清水建設[*24]にしろ、大工の棟梁が創業者だ。この感覚をもっていることが、日本の建築の良さをつくり、特徴づけていると思う。

今は工場であらかじめ木材を製材し、それを現場で大工が建てることが一般的だ。しかし、かつての大工は自ら図面を描き、現場で木を刻み、建てるまでを一貫して行っていた。現在ではコンピュータで正確に製材できるが、かつては木の特性を現場で確認し、それを活かしながら手で丁寧に刻んでいた。さらに左官職人や建具職人など、いろんな職人を束ねるプロデューサー的な役割も担っていたし、建ったあとのメンテナンスも大工の仕事だった。

「い、ろ、は、に」と通り芯（図面を描く際の基準線のこと）が描かれた図板（手板ともいう）と呼ばれる図面を描き、それをもとに建てていく。現代は平面図のほかに断面図や部分詳細図などたくさんの図面を描くが、かつての大工は図板という

＊23 竹中工務店（たけなかこうむてん）
大阪に本社を置く日本の大手建設会社（ゼネコン）。１６１０（慶長15）年に織田信長の家臣だった竹中藤兵衛正高が名古屋で創業、神社仏閣の造営を業とする。東京タワーや日本武道館をはじめ、有名美術館や商業施設、大学、ホテルなど多数の建築物を設計・施工している。設計部からは多くの建築家を輩出している。

＊24 清水建設（しみずけんせつ）
東京に本社を置く日本の大手建設会社。１８０４（文化元）年に大工棟梁の清水喜助が江戸の神田で創業。江戸幕府の命により、江戸城西の丸焼失後の再建工事に従事した。東京大学安田講堂、大阪国際空港ターミナルビルのほか、伝統的な神社仏閣においても豊富な実績を有する。

平面図だけで、三次元の建築をつくり上げていたのだから驚く。つまり、大工の頭のなかには、立体の空間がすでに出来上がっているのだ。

父を見ながら思ったのは、大工は全身を使って建築をつくっているのだということだ。柱や梁を足で押さえたり、手で刻《きざ》み*25を打ったり、全体重をかけて作業をするのだ。木を見ながら「これはいい木だ」とか「この木はこんなクセがあるから、こう使おう」とか、木を触りながらそんな話をしてくれた。大工は実物の木やものと向き合う仕事なのだ。

建築家は、大工に渡す図面を描くことが仕事だ。自分の手でつくるわけではないからこそ、彼らに建築を託す図面を大事にしたい。

つくり手はものの〝重さ〟を知っている。鉄やコンクリートはどのくらい重いのか？　木は種類によってどのくらい重さが違うのか？　僕ら建築家がそれを知らないままに、宙に浮かせたような図面を引くのは少し違うのではないか。建築家も身《しん》体《たい》的に重さを知ることが必要だと思う。

だからといって、それはつくり手都合の設計をすることではない。僕ら建築家は

*25 **刻み（きざみ）**
手刻（てきざ）みとは大工がのこぎりやノミなどを使って木材を加工すること。現在ではプレカットといって工場で事前に機械でカットすることが多い。

空想をする。それは、設計するには現実的でないことも多い。それを結ぶのが直感であり、ひらめきだ。

仲間をつくる大切さ

最初は事務所のスタッフで設計したものが、ワークショップで人が増え、施工の段階では、1000人規模の人が関わることもある。僕はエジプトに行ったとき、ピラミッドを前に「これを人間がつくったのか」と改めて驚いた。ピラミッドは何千人もの奴隷によってつくられたといわれていて、彼らもつくることに喜びを感じていたという説のほうが正しいのではないかと感じる。

僕はつくり手とも共鳴したいと思っている。だから、プロジェクトの前には、クライアントだけでなく、施工会社やメーカーの人とも一緒にさまざまな建築を見に行く。それぞれ立場は違うので、注目する視点は違うのだが、同じものを見て、それぞれに感じる。その共鳴があるからこそ、同じ方向を見てプロジェクトを進めることができる。

もしも僕が空想を膨らませ、チャレンジングな設計をしたとする。共鳴がないと「なんでこんな面倒なことをするんですか？」となり、思い違いが生まれてしまう。

プロジェクトの前に共鳴しておくと、施工の段階で「だったら、こうすればできるんじゃないですか？」とか、「実はこんなことをやってみたかったので、やってみてもいいですか？」と自らの空想をこちらにぶつけてくれ、提案してくれるようになる。

例えばＮＩＣ（１０７ページ）では、コンクリート天井に斜めの光スリットをたくさん入れるという大胆な設計に対して、なぜこんな難しい形にするのかと聞かれた。「型枠（コンクリートを打設する際につくる木の枠のこと）を外したときに分かります」と伝えたが、施工側は懐疑的だった。しかし、型枠を外したとたん、施工側の職人が僕のところに飛んできて言った。「小堀さんが言っていたことは、こういうことだったんですね！」と。そうすると、職人たちが自らコンクリートの天井を磨き始めた。誰も頼んだわけでもないのに、いい建築にしたいと自ら行動してくれたのだ。それを見て、今度は僕のほうが感動した。

　建築をつくることは、練習を毎日繰り返し甲子園を目指す高校野球のような熱量を感じるし、サッカーのようなチームの連携プレイで1点を取りにいく感覚にも似ている。誰が欠けてもダメなのだ。そもそも、ものづくりには、どの段階においても共鳴が大切だと思う。みんなが自ら考え動くようになる状況をつくることが、建築家の役割の一つだといってもいい。建築家は監督であり、プレイヤーでもある。いろんな段階で空想と空想がぶつかり合うことで、いろんな課題や問題を越えていくことができる。

空想がデザインとエンジニアリングをつなぐ

　大人になると、どうしても子どものときにみんなが描いていた夢や空想が、横におかれてしまいがちだ。本来なら、空想を膨らませる力を養う場所が学校なのではないかと思う。

　空想は、デザインとエンジニアリングをつなげることができる。例えば、建築家がデザインをすると、構造などのエンジニアの人から「これは無理ですよ」と言われることがある。構造の強度、施工の難しさ、コストの問題など、目の前にはクリアしなければならないさまざまな課題があるからだ。しかし、施工などのエンジニアリングに寄り過ぎると、効率優先になってしまう。とはいえデザイン至上主義になるのも違う。構造や設備のエンジニアとともに、多くの課題をああでもない、こうでもないと試行錯誤しながら、頭をひねる。

ＮＩＣの設計では、内部構造は決まったが、ファサード（外側のデザインのこと）がなかなか決まらなかった。日華化学のアイデンティティを表現しつつ、まちにひらかれたデザインにしたい。それと同時に、研究室から出る配管は外から見えないようにしたい。東側には福井にまたがる白山連峰が見えるので、その景色を眺められるようにブラインドは付けたくないが、研究室には直射日光を入れたくない……。それら相反することを同時に実現させながら、ローコストでつくらなければならないという、課題だらけだった。

試行錯誤を繰り返したが、いい答えが浮かばなかった。そうこうしているうちに、正月休みになった。正月は家族でバリ島に滞在していたが、もやもやと過ごしていた。あるとき街中を歩いていると、バリ島の伝統的な布であるバティックが目に入った。南国の光を透過し、はためくバティックを見て、ハッとひらめいた。

そもそも日華化学は、繊維加工の界面化学メーカーだ。さらに福井も繊維のまちであり、特産品に「羽二重織」があった。それがイメージソースとなり、細いアルミルーバーを繊維の縦糸と横糸のように重ねる方法を思いついた。縦のルーバーに対して、横方向は斜めにルーバーを入れて、菱形に交差させる。そうすることで細いアルミルーバーながら強度を得ることができ、かつ室内に入る直射日光をカットすることができる。すべての問題をクリアできたのだ。まさに、デザインとエンジニアリングを空想がつないだ瞬間だった。

魂のぶつかり合い

エンジニア側や施工側とは、何度も議論した。「なんでこんな難しいことを」とも言われたし、いい意味でのケンカも何度もした。でもそれは必要なことだ。チーム全体が「どうしてもできない！」と思っていることを、どのようにしたら「できる！」という思考にできるか。そのためにはワクワクした議論が必要になる。その議論があったからこそ、完成したファサードを見たとき、誰もが納得の顔をしていた。プロジェクトが終わったあとは、みんな語り合った相手と戦友のようになる。

建築家は、建築が出来上がるまでに、あらゆる人と対話をしないといけない。僕はどの過程で関わった人にも「この建築は自分が関わったんだ」という誇りと愛をもってほしいから、魂と魂をぶつけ合う。最初の空想や直感の頃は楽しくてしょうがないのだが、設計と施工という現実と向き合うとき、出来上がるまでは本当に苦しい。魂と魂でぶつかるということは、全身全霊でぶつかることだからつらい。

それ以外にもお金のことや時間のこと、さまざまな問題や課題をクリアしないといけないから、肉体的にも精神的にもタフさと粘り強さも必要だ。突発的なことが起こることも多々あるから、柔軟性も求められる。さまざまな壁にぶち当たって、もうだめだ、全然案が出てこない……と八方塞がりになったときこそ、面白い空想が突破口となる。

本気でいいものをつくろうと思う人たちが集まると、魂と魂は絶対にスパークする。その過程は必ずしも楽しいことばかりではないけれど、面白く楽しいというワクワクさが課題を超えていく。いいものができるのはそういうことなのだ。

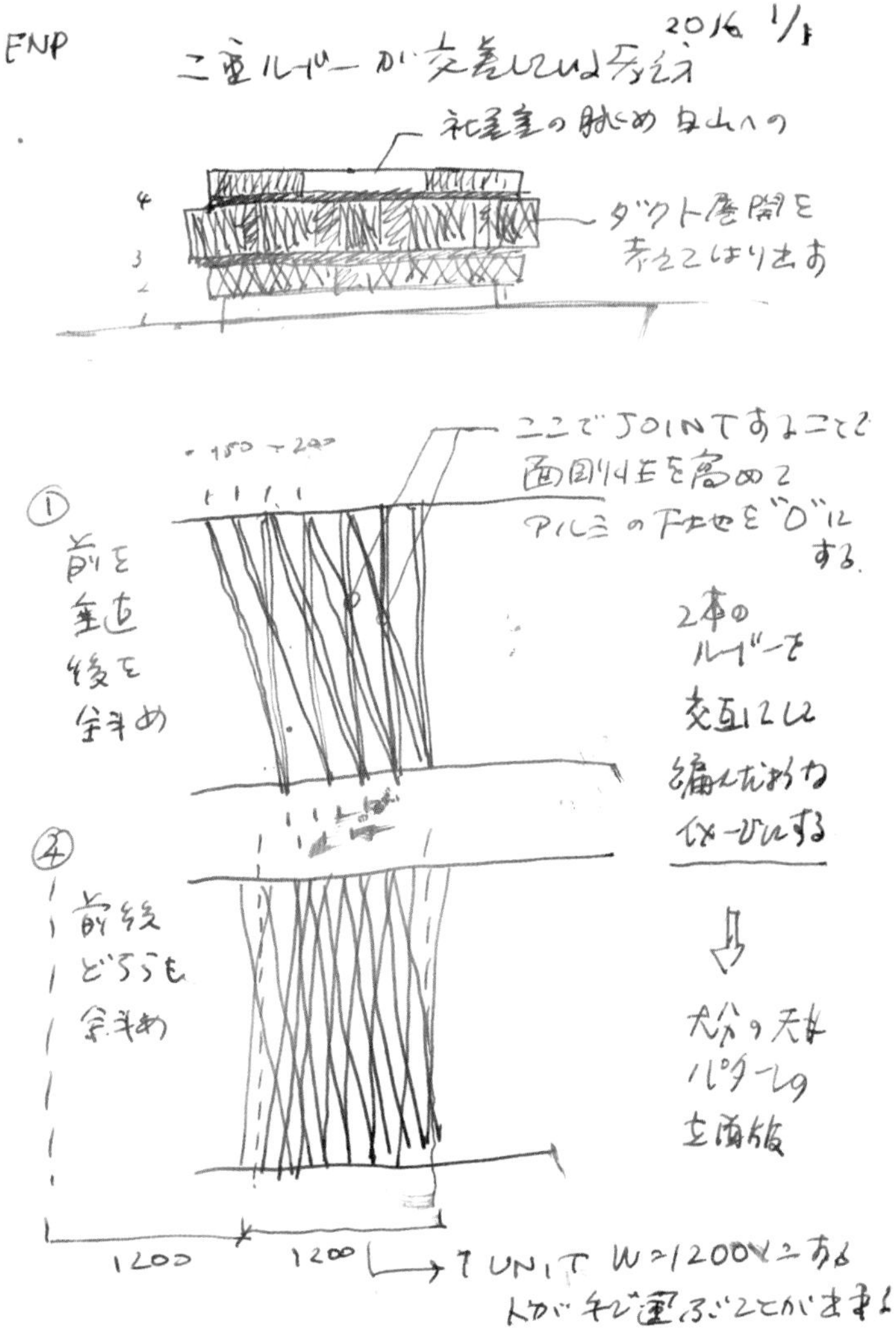

バリ島で見たパティックをヒントに考えた日華化学の研究棟のファサードの構造。細いアルミルーバーを、縦のルーバーに対して横方向は斜めにルーバーを入れて、菱形に交差させることを図示したもの

制約はチャンス

実際に社会に出て設計をすると、法やコストなど制約ばかりに感じる人もいるだろう。だが、「自由に設計していい」と言われると、それもなかなか難しい。だから僕は、制約は性格だととらえるようにしている。制約は可能性を小さくするものでは決してなく、チャンスだ。人にはいろいろな性格があるように、例えば建築を設計する敷地にも性格がある。その敷地の性格を肯定し、伸ばしていけばいいのだ。そうすれば、敷地は秘めていた力を発揮してくれる。

ワークショップで出てくる意見も、とらえようによっては制約と感じる人もいるかもしれない。しかし、それも性格だととらえればいい。Aという意見とBという意見が生まれたら、それらの化学反応によってCが生まれたりする。自分が想像していないことが起こることも設計の面白さだし、インスピレーションの源である。そして常に変化している世の中では、対立や制約は自然なことだ。

建築は土地との出会いから始まる

ＲＯＧＩＣの設計では、最初にある敷地を訪れた。鬱蒼《うっそう》とした林の中にぽっかりと開けた場所があった。小さな池が光を受けてキラキラと輝き、水鳥が泳いでいた。周囲には松が生え、空には鳶が飛んでいた。そこは丘の上にあり、蛇行する天竜川とその扇状地を俯瞰する南向きの傾斜地だった。30年ほど前に、宅地開発のために造成していたが、途中で計画がなくなり、そのままになっていた土地だという。池は開発用の調整池であり、宅地は雛壇状に造成されていた。

天竜川を眺めていると、涼しい風が頬をなでた。ここは扇状地の最北端であり、南からの柔らかな風が集まる場所だった。先端にあるので、眺めは抜群だ。ここしかない――そう思った。この場所に感動し、一枚の絵を描いた。

土地の力を引き出す建築

この土地がもつポテンシャルを最大限に引き出し、室内に取り込む方法はないだろうか。土地のポテンシャルを探すことは、建築家の大事な仕事である。敷地を訪れた感動が冷めやらぬうちに、僕は一気にスケッチを描いた。場から感じられる「心地よい環境」をそのまま室内にも取り込みたい。景色を俯瞰できる雛壇状の大地をつくり、天竜川からのぼってくる涼しい風を室内へと取り入れる。そして、光を通す大屋根をかけ、半外部のような空間をつくるイメージだ。

雛壇状のいちばん上には外部に近いスペースを、その下には半屋外、いちばん下には完全に人工的な研究室という3つの異なる環境をつくり、グラデーションのように連続する空間をつくりたいと考えた。

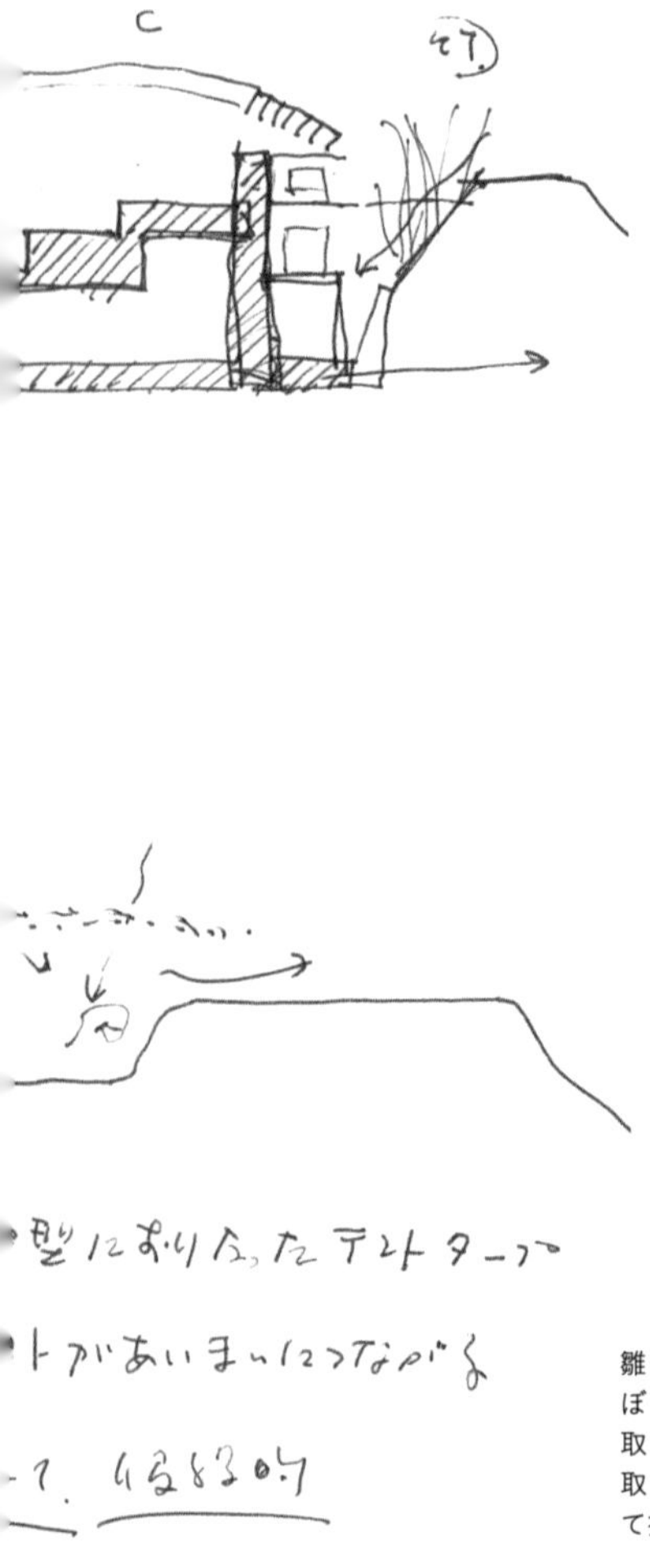

雛壇状の地形、天竜川からのぼってくる涼しい風を室内へと取り入れる。その土地の自然を取り込んだ半外部をイメージして描いた実際のスケッチ

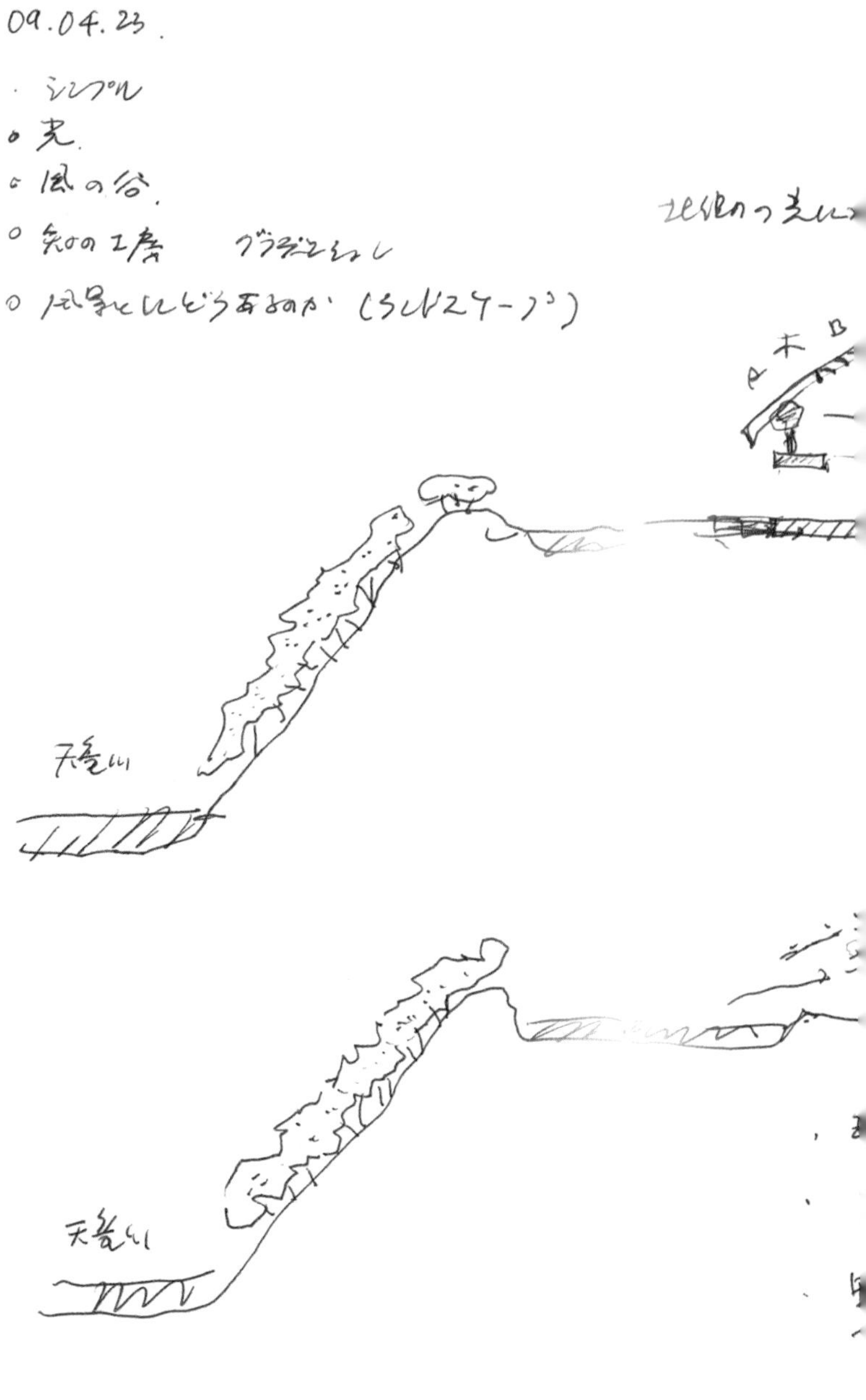
09.04.23.
・シンプル
○光.
○風の谷.
○知の工房
○風景とどう対話するのか（ランドスケープ）
天竜川
天竜川

これまでの逆をいく

ＲＯＧＩＣは近代オフィスとは逆の考えをもっている。これまでの近代の研究所やオフィスにおいては、均質な環境が理想とされてきた。場所の特性にかかわらず同じような場を生み出すことが良しとされ、近代オフィスは発展してきた。自然環境の変化を建築に取り入れることはほとんどなかった。

人間は日々成長し、日や時間によって気分も変わる。元気なときも、疲れているときもあり、常に変化している生き物だ。それなのに、これまで近代建築が目指した均質な空間に入れられてしまうこと、また機械を優先するために温度などの環境を均一にする研究所のあり方にも違和感を覚えていた。敷地の自然環境を取り込むことで、空間も環境や自然とともに変化する。そうすると環境と対話しながら、人間は働くことができる。実家の家のように、常に変化する自然を感じられ、想像しなかったような出来事が起こるほうが、人間の想像力を刺激する。もともと建築とは、光や風、温度など、手につかむことができない、目に見えない環境そのものを感じさせる装置なのだ。

曖昧さや不均質なものを追求し、光や風など自然の変化を感じられる〝ゆらぎのある〃オフィス空間をつくること。これが、この建築の大きなコンセプトとなった。これからのオフィスのあるべき姿を考え、人間らしく働く場としてのあり方を問い直したいと考えた。そして近代の無機質な建築を超えて、本来日本人がもっている感性や自然への想いを取り戻したいと思った。

風景をつくる建築

人はどんなに風景の美しい場所であっても、そこに何もないと美しさを感じにくい。しかし、そこに建築ができることによって、「光はこんなふうに変化するのか」「こんなに風が気持ちよく感じられるのか」と、その場所を理解することができることがある。

スイスの山を歩いていたときにそれを強く感じた経験をしたことがあった。『アルプスの少女ハイジ』のなかに出てくるような壮大な風景が広がり、ある場所に小屋のような教会が建っていたので、そこに入ることにした。不思議なことに、さっきまで美しい風景の中にいたはずなのに、建物の中から見た景色のほうが急にいい

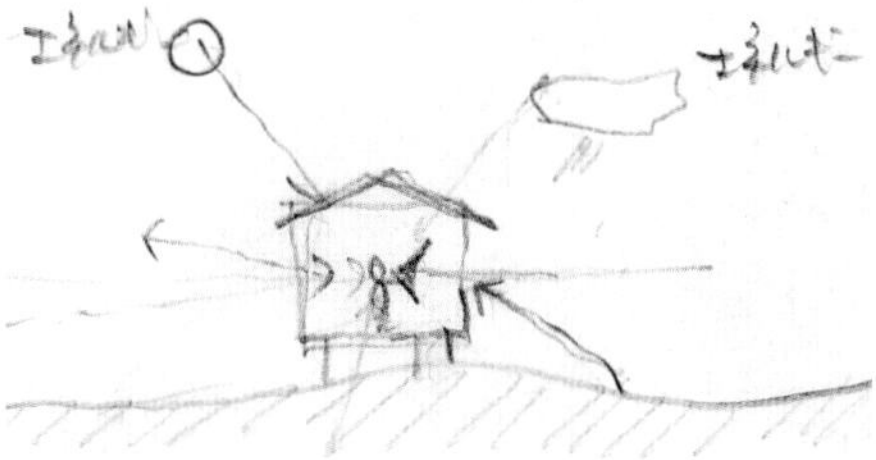

ものに見えてきた。そのとき、自然は自然だけで成立するのではなく、それを感じるための箱、つまり建築が必要なんだと思った。窓があることで光や風を感じられる。壁という囲いがあることで外というものを感じられる。建築とは風景を認識させる装置なのだ。それに気づいたとき、とても興奮したことを覚えている。

スイスで見た民家

いい表せないほどの美しい風景
緑のじゅうたんと 急斜面に建つ家 牛
土台
トップライト

光と風を透過する屋根

ＲＯＧＩＣの設計では、建築という箱を通して自然の変化を繊細に感じ取ることができるものにしたいと考えた。そのためには、いくつかの課題を解決しなければならなかった。まずは、光と風を透過する屋根をどうやってつくるか。研究施設という特性上、直射日光や空調の劇的な変化を避ける必要があった。

ＲＯＫＩは、車などの乗り物に使うさまざまなフィルターをつくっている世界的な企業だ。ＲＯＫＩがつくっているフィルターを見せてもらった。その中に障子のような質感の不織布なのだが、とても美しいと思うものがあった。会社のアイデンティティでもあるこのフィルターをぜひ使いたい。ガラスの大屋根にこのフィルター天井を合わせ、全体を包み込むことで、光と風を透過する屋根をつくり出せると考えた。

基本は柱のない大きなワンルーム空間にする。より自然な環境に近い「半外部空間」から、機械のための「均質空間」へグラデーションのように変化していき、ガラスの大屋根とフィルター天井がドーム状に全体を包み込む空間をつくり出そうと思った。

次に、天竜川の風を感じながら仕事ができる場所をつくりたいと考えた。窓を開ける半外部空間をつくることについて、当初は反対意見も出た。なぜなら一般的には窓を開けると、空調などのエネルギーのロスになり、機械のために温度や湿度などを均一に保つことができなくなるからだ。

確かに機械を問題なく稼働させるためには、温度や湿度といった環境を均一に保つ必要があることは十分理解できる。しかし、そのような空間に人は心地よさを感じない。人は無風の中にいるより、たとえ温度が高くても風を感じたほうが心地よいと感じることも科学的に実証されている。そこで、引き戸を開けたら、空調がストップする仕組みを導入することにした。

ゆらぎのある心地よさ

ＲＯＧＩＣは大きなワンルームの空間だ。それにもかかわらず、明るかったり暗かったり、さまざまな居場所がある。天井を覆うフィルターがガラスの大屋根から降り注ぐ直射日光を拡散し、柔らかな光へと変えてくれるからだ。日が出ると、ぱあっと明るくなり、雲が通るとさあっと影が生まれる。浜松は日照時間が長いため、気持ちの良い光が年中降り注ぎ、晴天の日はとても明るい。機械のための均質空間とは正反対の空間になっている。昼間はほとんど照明をつける必要がない。ある日ＲＯＧＩＣを訪れると、夕方になって少しずつ室内が暗くなっても、照明をすぐにはつけず、社員たちはそのまま仕事をしていた。自然の光の変化に慣れているからだ。人工の照明の場合、暗さにすぐに反応してしまうが、自然の暗さには人は順応してし

天井高が異なる空間のラフスケッチ。数字は照度を表している

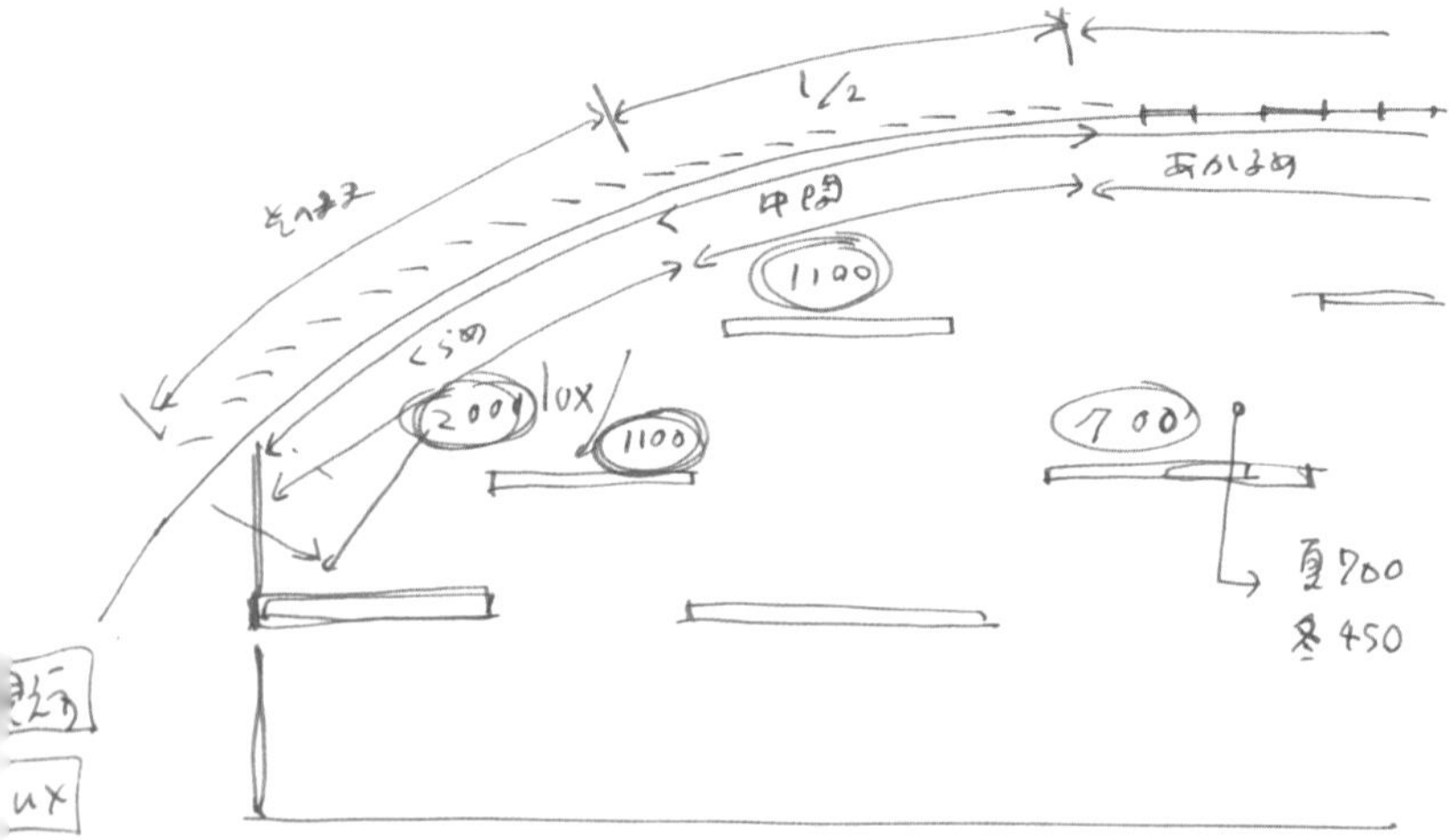

まうものらしい。

室内は太陽光で暖かいため、12月中旬まではほとんど暖房が不要だ。反対に夏は少し暑く、これは反省点だ。

立体的なワンルーム空間なので、天井が高いところもあれば、低いところもある。全体を俯瞰することができ、働く人々を眺めることができる。ある社員が「こんな気持ちの良い場所を見つけた」と報告してくれた。社員が自分の居場所を見つけ、楽しんで仕事をしてくれていることが、何よりも嬉しい。

クリエイティブな研究所

ＲＯＧＩＣの完成から10年が経つ。今では緑のなかに埋もれ、自然と一体となっている。

僕は「建築は自然を感じる装置」と考えてもいるが、それと同時に「人間の能力を最大化し、可能性を広げる場所」でもあると考えている。ＲＯＧＩＣでは、社員たちがプロジェクトの内容や時間に合わせて、自ら働く場所を選択しており、それがクリエイティビティにつながっているようで、本当に嬉しい。島田社長は今でも「ROGICには生命が宿っている。だから何度見ても感動する」と言ってくれている。

ROGICによって、研究所という概念も大きく変わり、2017年には日本の建築学会では最も栄誉のある賞の一つである日本建築学会賞をもらうことができた。今でこそ環境問題が叫ばれ、環境をテーマにした建築は多いが、受賞当時はまだ珍しかった。

その授賞式で、島田社長は「僕の作品でもあるんです」とスピーチした。僕はその言葉が嬉しかった。魂のぶつかり合いが嬉しかった。施工してくれたゼネコンの人たちも自分の作品だと思っていると思うし、建築とはみんなの想いの総体と感じる時間だった。一人ではなく、みんなでつくっていくものだからこそ、いいものができる。

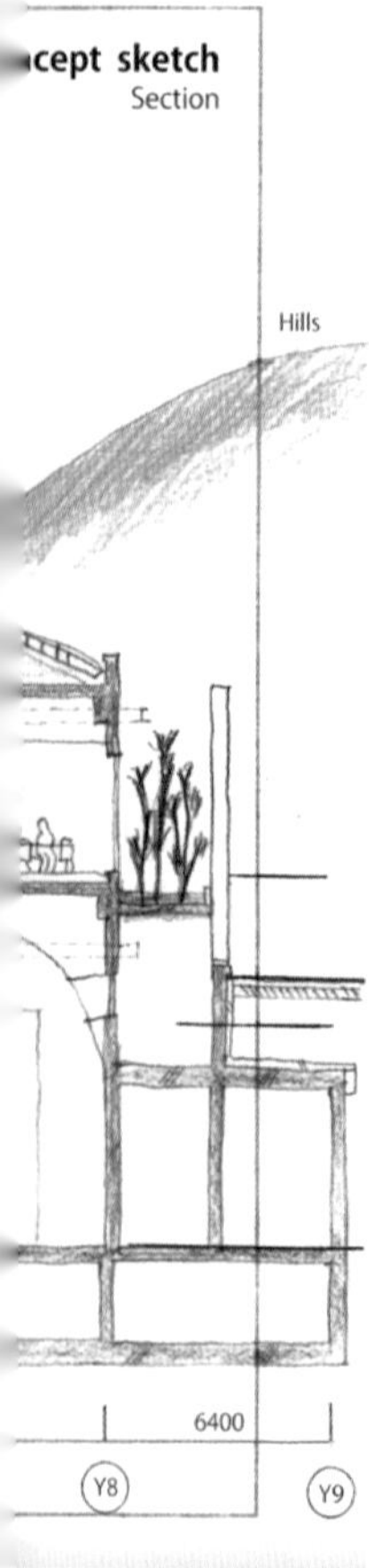

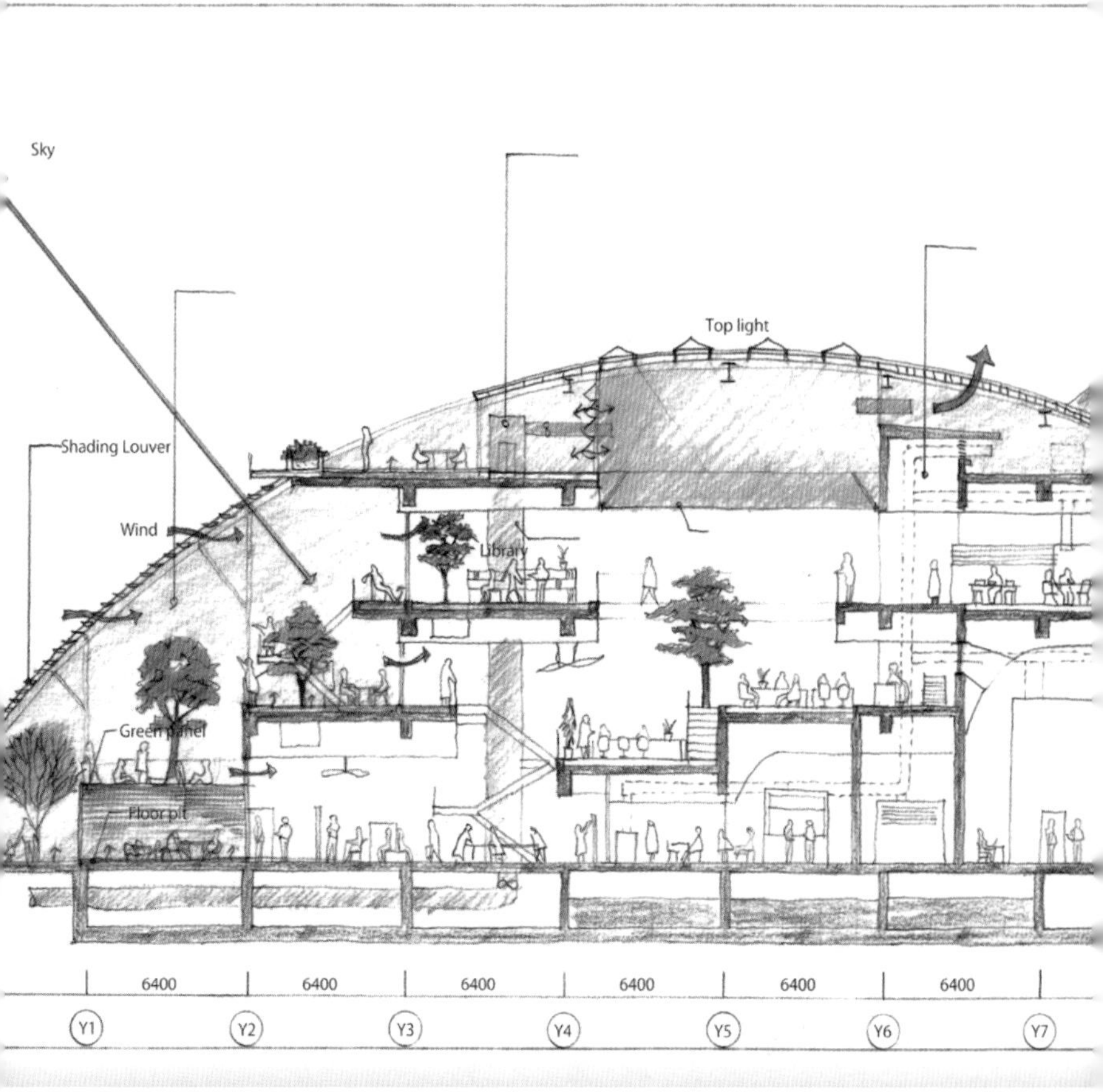

研究所のコンセプトを表した断面のスケッチ

温泉旅館の魅力とは何か

ＲＯＧＩＣでは最初に土地と向き合ったが、２０２１年に完成したべにや旅館の設計では、ＲＯＧＩＣのように敷地と向き合うことよりも先に、歴史やこれまで積み重ねてきたものと向き合う必要があった。

１００年以上の歴史の間に何度も増築が繰り返されていた。僕は一度、以前のべにや旅館に家族で泊まったことがある。その時のことはよく覚えている。そこは光と影の世界だった。増築によって先の見通せない長く薄暗い廊下が奥へ奥へと続いている。薄暗く、どこかから妖怪でも出てきそうな雰囲気だった。それこそが旅館がもつ魅力なのだと理解した。それは新築にはないもので、そのつながりは時代時代の増改築によって、不合理とも思えるようなものだ。おそらく増改築をした技術のある大工はそのときそのときで臨機応変につくったのだと思う。時代が積み重なった人々の想いや情景、新旧入り混じった不思議な増築と、その場所に確かに存在する空気感。時の流れや澱《おり》を感じることができる空間と場が、旅館の真髄だと気づいた。

そうしたものはホテルにはない。

ホテルの場合は奥にあるのはいい部屋じゃない場合が多いが、旅館の場合はむしろ奥に行くほどいい部屋がある。不思議と奥へと行ってみたくなるのだ。子どもにとっても同じなのか、息子も奥へと行ってしまい、仲居さんに手を引かれて戻ってきたのを思い出す。

旅館では仲居さんが必ず一人つく。夕食を用意してくれ、布団を敷いてくれる。子どもとも仲良くなってくれ、会話しながら食事を丁寧に説明してくれ、楽しませてくれる。ホテルではそこまで密接したサービスはない。旅館のサービスはオペレーション的にとても手間がかかるのだと思った。仲居さんを通して旅館というものが見えてくるし、さらに福井という地域や風土も見えてくる。

目に見えない歴史と向き合う

これまでの現代建築は歴史や土地との関係性から断ち切り、なんでも新しく建て替えてしまうところがあった。建築家は新しい価値をどんどんつくらないといけないと思われているが、常に壁を打ち破り、過剰に新しい建築をつくることだけが建築家の仕事ではない。そこにすでにある特性や価値を最大化していくことも大切な仕事の一つである。一つひとつ観察し、丁寧に表に出していくということも大事な仕事だと思う。

実は、最初の提案では、日本庭園を含めてすべてつくり替えることを提案した。しかし、ワークショップをする中で、その考えは大きく変わった。庭は一朝一夕にできるものではなく、育つまでに長い時間が必要になる。庭は旅館が重ねてきた時間を表すものであり、旅館の宝なのだとワークショップを通して理解した。庭があるから建築があるといってもいい。庭や自然が先ということに思い至らず、振り返ると、恥ずかしい話だ。

くの字に曲がった先が見えない長く薄暗い廊下、どこまでも続く深い軒のつながり。光に照らされた北庭に流れる風。西日が障子越しに揺れる美しい陰翳。それは庭と建築が一体となることでつくられる美しさだ。

同時に以前の建築は唯一無二のものだった。それを再現することはできない。

ではこの旅館にしかない魅力を引き出すにはどうしたらいいだろうか。決して同じものをつくればいいのではない。現代に合わせて空調といった設備、断熱性などの機能をアップデートし、さらに宿泊客やスタッフが使いやすいようにプランやデザインを見直していく必要もあるだろう。

単に以前の旅館をノスタルジーから同じように再建するのではなく、べにやの記憶を大切にしながら、未来につながる新しいべにや旅館をつくりたい。歴史の上にある建築をつくることは非常に難しく、僕は頭を悩ませた。でもそれこそが建築の奥深さだと感じた。なぜなら建築は本来、歴史や土地を切り離して考えるものではないからだ。

悩んだ末に僕は、あわら特有の光と風、水、温泉熱などの穏やかな自然の力を借り、それらを最大限に感じられる旅館にしようと思った。あわら温泉は福井の北部に位置し、明治時代に水田に灌漑用の井戸を掘ったところ、偶然にも温泉が湧き出たことに始まる。温泉街の南には田んぼが広がり、北には丘陵地帯が広がる。北陸地方のなかでも比較的温暖で、日本海側から九頭竜川を沿って卓越風が吹く。それを最大限に活かしたい。

僕たちが最終的に提案したのは、平屋だった。あわら温泉の周囲の旅館は近代化し、コンクリートのビルになっていた。そのなかで、まるで逆をいくような平屋木造の提案に、奥村夫妻は当然ながら驚いた。

実は大工の棟梁だった僕の父が「いちばん贅沢なのは平屋なんだ」と常々言っていた。それを聞いていたこともあり、僕自身はとてもワクワクしていた。父親の影響からいつかは木造の数寄屋建築を設計してみたいと思っていたので、チャンスが舞い降りたという気持ちだった。

以前の建築は木造2階建て、地下1階で、ワークショップではオペレーションが大変だという意見が出ていた。そこで平屋とし、部屋数を十七に減らし、宴会場をなくす案を提案した。昔の記憶があるため、最初は悲しい顔をされたが、何度も打ち合わせを重ねるなかで、部屋食こそが旅館の価値の一つだということにみんな気づいていった。

増築を繰り返してきた旅館は長い時間の経過でできたものだったことから、それを一気につくるというのは一種の矛盾をはらんでいる。歴史の流れを一気につくることの難しさに直面した。

歴史という流れを意識する一方で、一日の時間の流れを感じられ、この2つの時間の流れをどうデザインしていくかを考えた。

建築と庭が一体となる

平屋にする一番のメリットは、庭と接する面が増え、庭と建築が一体となることだ。2階建てだと、庭を上から眺められるものの、一体感は得られない。

まず、客室を2つで1セットにすることにした。つまり、坪庭を2つの部屋で挟み、それを1セットとする。それをずらしながら連続させていくことで、一つひとつ増築したような雰囲気を出そうと思った。そのことによって、すべての客室が日本庭園と坪庭の両方に面することになり、いろいろな角度から光と風を室内へと導くことができる。さらにトップライトを設けて基本的に三面から採光ができるようにし、それによってすべての居室、トイレでさえも自然光が入るようにした。すべてが離れのような感じになり、「つかず離れず」の距離感をつくり出すことができた。

建物が庭に面するよう東西方向に建物を配置し、その配置が九頭竜川に沿って流れる南北方向の卓越風を受け止めるかたちにもなる。障子など随所に開閉可能な建具を設けて各室に取り入れることで、自然と一体となる空間を実現することができた。

天井の高さも違うので、当然ながら屋根の高さも違ってくる。まさに平屋を増築したようにも思えるし、同時に建物全体の一体感も生み出すことができた。

客室をずらして配置したことで、廊下も真っ直ぐではなく、自ずとくの字に曲がっていく。先の見えない空間構成はまさに、最初に僕が体験したものからくるものだ。

建築をつくる素材

十七の客室は間取りをすべて変え、すべて異なる素材とデザインにすることにした。敢えて差異をつくることで新旧が融合し、時間の経過を

太陽や月の光、地熱といった自然の力を使った建物のイメージスケッチ

感じさせるデザインにしようと思った。

素材はできる限り本物にこだわりたいと思った。なぜなら本物の素材を使うことで、例えば本畳を採用すれば、畳職人の仕事を生み出し、その先のいぐさ農家にも生産を生み出すことができる。べにやでは部屋の浴槽は檜葉《ひば》、本畳を敷き、地元の越前和紙などを採用した。

改めて僕は考えた。建築をつくる素材は何でできているだろうか。どうやってつくられているかすべて知っているだろうか。昔の建築は自然の素材、土や、木や、石や草でできていた。

最初は必要に迫られてかもしれないが、少し人よりつくるのが好きな人たちが、小さな小屋をつくったのだろう。そのうち得意な人たちが村の大工になった。大工は一つひとつ工夫をしてつくり上げてきたので、どこでどんな素材が採れるのか、いつ材料を採るのがいいのかよく分かっていた。

今の建築素材は、どこでどんなプロセスを経て生まれているのか。それを考えなければいけない。

自然の恵みを活かす

地下から溢れ出る温泉は、僕たちに恵みを与えてくれる。地下深くマグマに熱せられた温泉は地球の恵みだ。こんこんと溢れ出るお湯を、ほどほどにいただく。

地球は不思議だ。地殻は常に動いていて、地震などを引き起こす。その断層からお湯が湧き出てくる。人間や動物たちはそれを太古の昔から利用していたはずだ。お湯以外に、今僕たちの周りにあるもの、プラスチックや金属、それらはすべて地下資源でできている。地球が誕生してから今まで蓄えられてきた地下資源を、現代の人間が今掘り起こそうとしている。

地球は有限だから、いつまでもあるわけではない。そのエネルギーや資源は、人間が暮らしている土地そのものを食い尽くそうとしているのかもしれない。

探検家の関野吉晴*26さんは、「アマゾンの原住民の人たちの暮らしにおいて、建築の材料はすべてどこから来てどこへ行くのか知っている」と言っていた。木や草、石、水から恩恵を受け、自分たちが食べ終わったあとはもう一度森へ還すと、細菌が分解し、虫が食べ、そしてまた地球に還ってゆく。自然から出たものはすべて資源で

*26 **関野吉晴（せきの・よしはる）**
1949（昭和24）年‐。一橋大学在学中に同大探検部を創設し、1971年アマゾン全域踏査隊長としてアマゾン川全域を下る。先住民との交流で医療知識の必要性を感じ、横浜市立大医学部に入り卒業後、外科医として勤務の傍ら南米通いを続けた。探検家、人類学者、外科医。1993年から14年、人類拡散の道をカヤックや自転車、犬ぞりなどでたどる「グレートジャーニー」に挑み、テレビシリーズ放映された。

ある。

べにや旅館では、あわら温泉の温泉熱を使いたいと考えた。温泉大浴場・客室浴槽は源泉かけ流しによる温泉供給を行っている。そこで、温泉の配管を床下に這わせて床暖房にすることにした。あわらのお湯は高温であるため、床下を巡ることで冷やされて適温になるという、一石二鳥だ。

あわら温泉は、田んぼの中にお湯が湧き出たことに始まる。一部だけ雪が積もらない場所があり、地元の人が不思議に思い掘ってみたのだという。白山連峰からの地下水が流れ、あわらの場所で断層となり、地熱で温められ、あの場所で湧き出たというわけだ。

まさに奇跡的な、地球の恵みそのものだと思った。建築をつくることでそこに触れることができる。それはとてつもないインスピレーションになった。

ここで温泉が湧くのは必然だったわけだ。やはり旅館というのは、地球の恵みを実感できる場所なのだ。そうすると、食材も同じである。

そこで「テリトーリオ」というイタリアの考え方を参考にすることにした。テリトーリオとはイタリアで発達した研究手法で、地域の農業や林業などの産業、景観、歴史、地理、文化、伝統、そして自然といったさまざまなものも含めて、建築と都市を見直す方法で、日本では恩師の陣内先生も研究している。

あわらの地域を調べていくと、地域で循環型社会が存在していること、さらに、それらの食材やそこにまつわる人々とべにや旅館が密接に結びついていることが分かった。しかし、これまではそれを価値としてとらえられておらず、地域の魅力が表現されていなかった。そこで新しい建築を通して、改めて旅館と地域を結びつけたいと思った。

増築しやすいように設計する

建築家の仕事は、新たな建築を建てれば終わりではない。建築や歴史、思いや夢を次につなげていくことを考えることも、建築をデザインすることと同じくらい大切な仕事だ。べにやでは、その時代の人や思い出を受け止めて変化し続けられる建築となるよう、増築しやすいようにしたいと考えた。

以前のべにやの建築も、まさに増築を繰り返した末に生まれた、一種独特の雰囲気を醸し出していた。それが旅館の真髄であることは先ほども説明した。吉村順三[*27]が設計した京都の俵屋旅館もオーナー自らの手で大工さんとともに増改築を繰り返している。

しかし、先ほど説明したプランだと建物が入り組み、そこに架かる屋根の形もどうしても複雑になってしまうのだ。どうしたらいいか。庭園の風景と室内のつながりをつくるため、眺めを妨げる壁や柱はどうしても設けたくなかった。さらに、あわらは冬になると1・5メートルほど雪が積もることがある。それらの厳しい条件のなかで、どのように全体の構造を成立させていくかが課題になった。

木造の美しさは、なんといっても柱と梁による繊細な線の美しさだろう。柱の間に障子や建具を入れ、季節などに合わせて、それらを開けたり閉めたり、自然とつながりながら暮らしてきたわけだ。しかし、鉄骨や鉄筋コンクリート造に比べて構

＊27　吉村順三（よしむら・じゅんぞう）
1908（明治41）-1997（平成9）年。東京美術学校（現・東京藝術大学）で建築を学び、卒業後はチェコ出身の建築家、アントニン・レーモンドに師事。自らの設計事務所を設立し設計に従事する傍ら、東京藝術大学で教鞭をとった。東京藝術大学名誉教授、文化功労者。名作住宅として名高い「軽井沢の山荘」をはじめ、住宅作品を数多く手掛け、住宅設計の名手として知られる。愛知県立芸術大学、奈良国立博物館新館など、公共施設も多く手掛けている。

造的に弱いため、どうしても望まない位置に壁をつくらざるを得ない。

そこで、構造のプロフェッショナルに相談し、客室は数寄屋風の木造を採用しつつも、廊下側はコンクリート造とし、両側に木造部分が取り付く形式を採用することにした。地震や風の力を受けても、廊下のコンクリート造が構造としてしっかりと耐えてくれるのだ。庭園側に風景を妨げる壁のない木造客室を実現することができ、内外の一体感も生み出すことができた。

また、客室は木造であるため増改築が簡単だ。コンクリート造だと増改築の際に一部を壊さないといけないが、木造は柱と梁を組んでいる構造なので、つくり替えやすいのだ。


新生・べにやは、穏やかな田園風景が広がるあわらの地で、移りゆく光と風、たおやかなるお湯に身を委ねてほしいと願って、「光風《こうふう》湯圃《ゆでん》」と名付けられた。

旅館が完成したあとも、べにやでは自主的にワークショップを毎年開催し、僕たちはゲストとして呼ばれる。おかみさんは「新生べにやのおかげで、毎日が楽しい」と喜んでくれ、高齢化が進んでいる旅館業界にありながら若いスタッフの入社も増えているという。

嬉しかったのは、以前のべにや旅館をよく知っている常連客が、「建築は新しいけど、昔の面影があるね」と言ってくれたことだ。「まったく変わってしまった」でも、「昔のまま」でもない。かつてのべにやを感じさせながら、同時に新しさも感じられる旅館になったのだと思っている。

建築は完成したが、新生・べにやの歴史は始まったばかりだ。

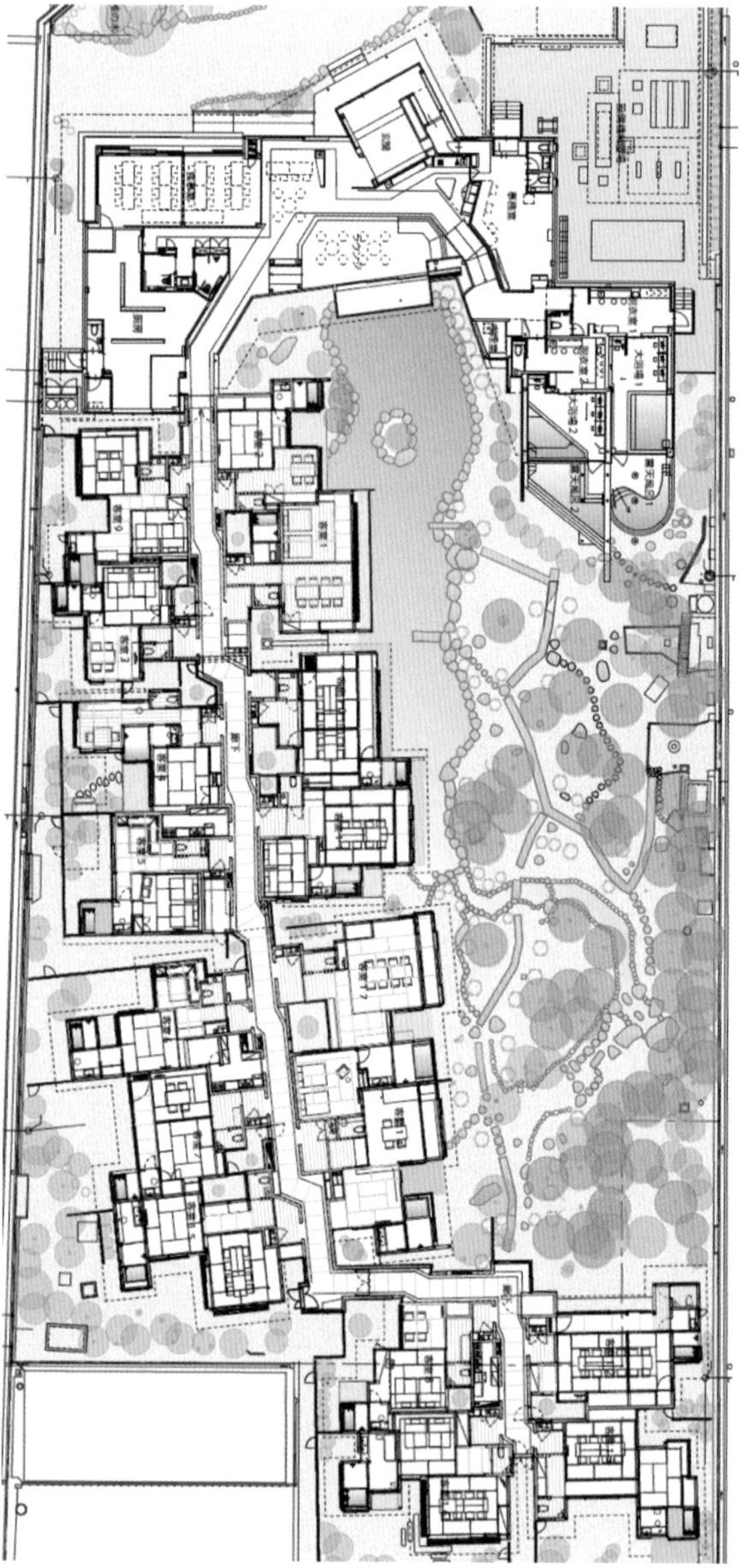

べにや旅館　平面図

かたちのないものをつくる

建築はすべての人の正解を追求すればするほど単調になり、逆につまらなくなってしまうと感じている。多数決で選んでも、いいものはつくれないのだ。ではそこには何が必要か。誰かが良いと言ったかではなく、自分はどう感じるのか。どんな空想を膨らませていくのかである。

近代建築はどこでも同じものをつくり、均質なものを目指してきた。しかし、地球上にはさまざまな国や地域、気候や文化、風土が存在する。僕は、建築はもっと固有なものであり、多種多様で、その土地に根ざすものだと信じている。

建築は、本来答えがないものだ。それを効率化や合理性を追求するあまりに、どこか心を失くしてしまったようにも思える。

では、建築の本質はどこにあるのか。僕は色や形ではなく、空間の中で行われる営みやその場所の空気感のようなものが建築の本質だと考えている。僕は、建築という形あるものを設計する仕事ではあるけれど、かたちのないものをつくりたいのだと思う。ここでしか見ることができない、感じることができない何か。それを建築によってつくりたいのだ。

営みやその場所の状態は常に変化している。建築は、営みや状態を感じるための器だと思う。例えていうなら、営みや状態とは茶碗の中に注がれたお茶のようなもので、僕は茶碗だけではなく、お茶をつくりたいと思っている。紙コップで飲んでもお茶はお茶だが、同じお茶でも器が変わるとおいしく感じられはしないだろうか。

建築によって、光や風、自然、音といった状態や営みをどのように感じることができるか。僕ら建築家は器しかつくれないが、そこで活動している人たちが生き生きとしていることがいちばん大事だと考えている。オフィスであれば、生き生きと働き、創造性を発揮できる場であってほしい。殺風景なオフィスだと、創造性を発揮しようにもできないのではないだろうかと思ってしまう。

しかし建築家がお茶のおいしさを考えずに器をつくろうとすると、形ばかりに固執し、かっこだけのものをつくってしまう。建築はおいしいお茶を飲むための器をつくっているのだということを、忘れてはいけない。

空間について

建築を勉強すると空間という言葉がよく出てくる。

空間ってどういうこと？　何もない空気がある場所？　お釈迦様のように手のひらも空間ということができる。建築においては、僕が考えるに空間とは建築物を容器としたときのその中のことを指す。

プリンで説明しよう。プルプルしたプリンという中身に、それを覆う容器がある。中身であるプリンの部分が空間で、人々の居場所（空間）はプリンのようなものだと考えてもよい。容器はあくまでプリンを外部環境から保護する目的だが、プリンという空間は違う。甘くておいしくあってほしい。固過ぎず緩過ぎず。食べる人たちを幸せにするために、プリンという中身は好みに合わせていろいろと変わる。実際にもし空間がプリンだったら、その中に入った人間はプリンに押しつぶされて窒息してしまうので、そこは空気に置き換えなければいけない。

建物という容器の中身である空間も、匂いや光、温度、湿度、色彩、高さ、低さ、狭さ、暗さなど、これらすべてが空間をつくって人に与える印象を変える。僕たちは、床・壁・天井をつくることで、この中身をつくっている。そこに集う人たちに心地よい空間となるように、さまざまな工夫を凝らす。
建築家は空間をデザインする。空間とは床壁天井によって仕切られた何もない場所だ。空間とはそう考えると、何もない場所にわざわざ仕切りをつくることでもある。無限に広がる世界に仕切りをするのが建築でもある。しかし空間は制約ではないと思っている。

大学1年のとき、5立方メートルの空間のなかに自分の住む場所を設計するという課題があり、いまだにそれが記憶に残っている。周りを見てみると、自由闊達につくってくる人、その反対に型にはめる人もいた。5立方メートルという空間を、制約と感じるかどうか。その答えは人それぞれだった。

僕は、立方体の中に円柱の空間を入れた模型をつくった。円柱の中は天井がなく、見上げると、丸い空だけがぽっかりと見えるのだ。立方体と円柱の間に生まれた隙間はいろんな場所になった。ただそれだけの空間なのだが、僕は非日常的な空間を空想し、ワクワクして模型をつくった。そしてつくりながら、この空間が「自分のものになった」という感覚を覚えたのだ。それは、自分がその空間に入り込んだ感覚だ。それまで、名作住宅の図面をトレースする課題があったが、それはあくまで人の作品をなぞっているから、自分のものになったという感覚はなかった。5立方メートルの空間を自分で手に入れたという感覚だ。その感覚は、子どもの頃、木の上や押し入れの中に秘密基地をつくり、「ここは僕の場所だ！」と思えた感覚に似ていた。そのとき僕は、初めて建築の身体感覚を自覚することができたと思う。空間は人に安心感や満足感を与えるものでもある。

その感覚を得られたから、僕にとっては5立方メートルの空間は、制限には感じられなかった。むしろ、そこに無限の可能性を感じた。5立方メートルという空間をとても大きく感じることもできたし、反対にすごくコンパクトにも感じ、空間の無限性を感じた。

自分たちでつくってみる

今、自邸をつくっている。家づくりには、いろんな喜びが詰まっている。ああでもないこうでもないと案を練り、準備のためにいろんな場所を訪れていたら、構想を始めてから5年が経ってしまっていた。

建築家の前川國男[*28]など、1960年代には名作住宅が建てられたが、当時は今のように建材や製品が豊富にはなかったため、ドアノブや建具など、ほとんど手づくりだった。現代はさまざまなメーカーから建材を選ぶことができるようになり、家も出来上がった製品を簡単に手に入れられてしまうようになった。

便利になった反面、つくり出す喜びやプロセスを楽しむ機会が減ってしまったのは残念だ。本来、ものづくりの面白さはそこに尽きると思うのだ。プロセスのなかにこそ、創造性と学びがある。

左官や建具、板金、家具などいろんな職人とともに、イチからものをつくっている大工の父親の影響もあり、自邸では手づくりでどこまでできるのかに挑戦したいと思っている。フローリングは飛騨高山に行き、山に生えている木から探した。それを乾燥させている最中で、その後フローリングとして使えるよう製材してもらう予定だ。タイルは岐阜のタイルメーカーに特注し、土から選んでいる。石も実家か

＊28 前川國男（まえかわ・くにお） 1905（明治38）- 1986（昭和61）年。1928（昭和3）年東京帝国大学工学部建築学科を卒業後、フランスに渡り世界的建築家であるル・コルビュジエに日本人で初めて師事した。建築家、日本建築学会名誉会員、元日本建築家協会会長。公共建築の分野で近代建築運動を展開し、戦後は1958年のブリュッセル万国博日本館、1961年の東京文化会館の設計のほか、国際文化会館など多くの公共建築を手掛けた。1986年の国立国会図書館新館が最後の仕事となった。

ら見える赤坂の石材を選びたい。照明器具も、家具も取っ手も、全部つくる。そこには子どもたちも必ず連れて行き、プロセスから知る大切さを伝えたいと思っている。

最近、事務所のオフィスを移転したのだが、スタッフ総出でＤＩＹでつくった。天井を剥がし、その上から真っ白に塗装し、３００平米のフローリングも全部みんなで張った。

スタッフは日頃、図面をもとに施工会社に指示を出すが、自分が手を動かすわけではない。だから、何も知らないままに設計してしまうと、施工側からすれば無茶なことをしてしまう可能性がある。だからこそスタッフには、ＤＩＹを通して施工側の気持ちや、つくることの大変さを実感してほしいと思った。

現場で手を動かし、重さを知るということはとても重要だ。例えば、木の重さを知る。木の種類によって、重さも全然違うことを知っているだろうか。知らないままだと、巨大な木の塊を使って設計しても、そのことを疑問にも思わない。重さを知っていれば、どうやって運ぶのか、どうやって取り付けるのか、木をつなぐ金物も強度が必要になることが想像できるようになる。もちろんチャレンジすることはいいことだ。しかし、それと無知であることは雲泥の差がある。

屋根に穴が開いている

初めてローマのパンテオンを見たときに、屋根のてっぺんに大きな丸い穴が開いているのを1時間眺めた。パンテオンは直径43メートルの球体がすっぽり入る大きさでつくられている。頂部の穴に屋根はない。

紀元前に建てられたパンテオンの中からは空が見えた。雨はもちろん入ってくるし、風も通り抜けてしまう。

穴から差し込む丸い光は丸い球体の内側を照らす。とても暖かそうだ。

晴れた日は、その丸い光は太陽のように感じられる。

丸い建築に包まれた丸い穴は丸い太陽に感じられる。反対に外にずっといると、晴れているということをあまり気にしない。

中に入ると外が晴れていること、雲が通ったこと、雨が降りそうなこと、それが穿《うが》たれた丸い穴によってより強く感じる。

ジェームズ・タレル[*29]がつくった建築は四角い部屋に屋根がかかっている。その屋根の中央に四角い大きな穴が開いている。その穴からは空が見える。空の色は刻一刻と変化し、毎日違う色を見せる。まるで違う世界につながっている扉のような穴だった。空間の奥行きも感じられない。むしろどこまでも、吸い込まれていくような感覚だ。

建築は、柱を立て屋根をかけ、外から守るものである。と同時に穴を開け、穴を穿ち外を感じるものでもある。穴を穿つことで光を感じ、僕たちの知覚を通じて外部空間の無限性をまた想像することができる。

南フランスにある小さなル・トロネ修道院は、石でできた建築で分厚い壁に覆われている。中庭の回廊を歩いたときに、この分厚い壁から漏れる光が影と交互に連続していた。壁が厚いために中庭は見えない。でも中庭が見えないことで、光そのものの存在のみを知覚することができる。人間は視覚情報に頼ってしまって、その場所にある意味や存在を見逃しているのかもしれない。

＊29 ジェームズ・タレル
James Turrell、１９４３年－。アメリカの現代美術家。主として光と空間を題材とした作品を制作している。代表作に石川県金沢市にある金沢21世紀美術館の「Blue Planet Sky」、通称タレルの部屋とも呼ばれている。

光はどこからくるのか。
空はどこまでつながっているのだろうか。
雨はなぜ降ってくるのだろうか。
建築に穴を穿つことで見えないものが見えてくる。
そういう力がある。

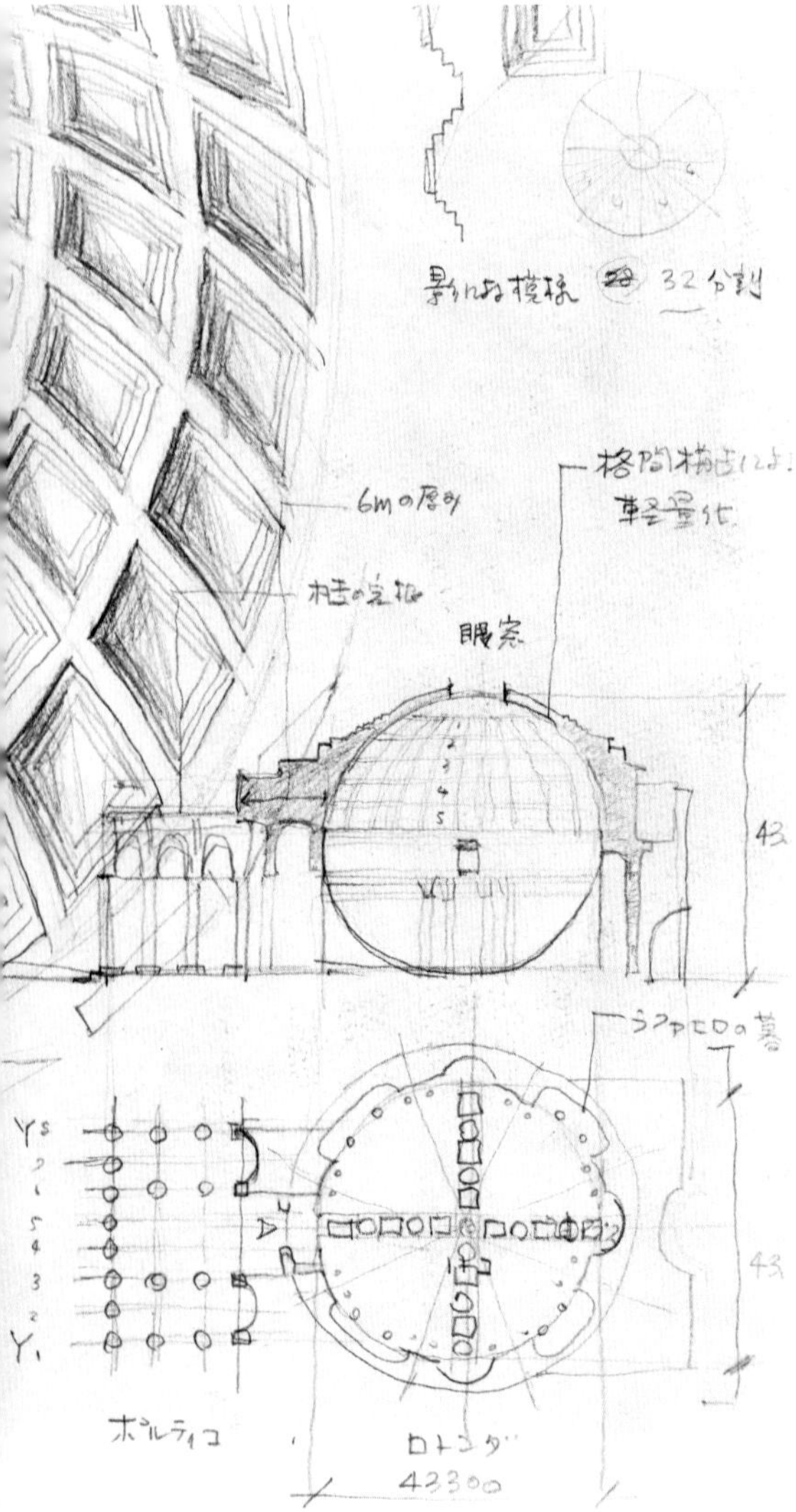

古代ローマ建築 パンテオン内のドーム天井。中心部は直径９メートルの丸い穴が開いていて、外の光が差し込んでくる

河原の土手

河原の土手はなんでもできる。寝転んだり散歩したり遊んだり野球をしたり、何か河原は自分の場所でもあって、みんなの場所でもあって素敵だ。

ルイス・カーンの「ザ・プレイス・オブ・アベイラビリティーズ」[*30]という言葉がある。これは空いている場所という意味以上に、恩恵のある場所という意味である。

僕はこの言葉を読んだときに河原の土手を思い出す。

小さいとき、河原の土手でいろんなことを考えた。隣では、犬の散歩をする人。向こうのほうでトランペットを吹く人。高校生のカップルがいる。子どもたちが野球をしている。さまざまな人がここにはいた。

僕の家の近くに公園があって、その中央に都市計画道路予定地がある。そこはいつも雑草が高く生い茂っているのだけれど、たまに管理者が草刈りをするとまったく違う風景になる。

＊30 ザ・プレイス・オブ・アベイラビリティーズ
「The place of availabilities」近代建築の巨匠ルイス・カーンの言葉で、建築家の矢板久明がこれを「恩恵の場所」と訳した。

その両隣にある公園はいつも管理されていて、観察公園という名前になっていたりする。中央には湧水が流れていて沢になっていたから、サワガニがいた。よく、子どもたちがサワガニや、ザリガニを捕まえていた。

森では虫がよく捕れていたので、多くの親子がいた。

そこに毎日のように電動車椅子の老人がいて、いつも子どもたちに虫の名前や水の中の生き物の名前を教えていた。ところが、最近この沢の場所は立入禁止になってしまった。

誰かが怪我をしたのかもしれない。自然が荒らされたのかもしれない。子どもたちは自然とその場所から遠ざかり、誰も来なくなってしまった。

すると、その車椅子の老人やその仲間たちは居場所がなくなってしまった。子どもたちとのコミュニケーションがとても重要なライフワークだったのではないか。

都市計画道路の原っぱは、常に子どもたちの遊び場だ。公園ではないからそこまで管理されていないので、雑草が生い茂っている。名もない草花が季節によって生い茂る。

大きく成長した草は、子どもたちの格好の遊び場になっている。かくれんぼをしたり動物の狩りごっこ[*31]の場になったりしている。この風景を見たときにどちらが子どもたちにとっての公園なのだろうかと考えた。

常に管理されている場所はなんとなく居心地が悪いのか、子どもたちはいない。誰にも管理されていない原っぱは子どもたちが楽しそうに遊んでいる。

子どもたちの感性は正直だと思う。

エンジニアとデザインの間で

建築にはデザイン（意匠）とエンジニアリングの側面がある。

建築は、歴史などを学ぶ文系的要素と構造などのエンジニアリングの要素、美術的要素などさまざまな分野が融合している。海外では建築学科ではなく、建築学部が存在するほどで、そのなかでエンジニアリングとデザインが分かれている。

海外の大学には建築学部というのが存在するが、日本でも最近になって建築学部を新設した大学はあるが、多くの場合、工学部か美術系の大学を選ぶことになる。

＊31 狩りごっこ
草むらに隠れてアフリカのライオンなどの気持ちになってかくれんぼをすること。獲物に気づかれぬように気配を消し、じっとターゲットの獲物の動きを追うことで、ハンターの気持ちを味わう。子どもが考えた遊び。

なぜ建築学科が工学部に属するかというと、明治期に欧米の建築技術を導入するため、専門的な建築教育の場となったのが、工部省におかれた工学寮とその後身である工部大学校だったからだ。

日本の建築学科は特殊で、工学部に属するため、デザインを目指す人も構造や数学などを勉強する。そもそも日本の建築は大工に始まり、技術者を育てることがベースになっているからだと僕は考える。僕は両方があることが強みであると最近考えるようになった。

日本の建築教育は、現在注目されている「ＳＴＥＡＭ教育」に通じるところがあると思う。ＳＴＥＡＭとはScience（科学）、Technology（技術）、Engineering（工学）、Arts（芸術・リベラルアーツ）、Mathematics（数学）の５つの単語の頭文字を組み合わせたものだ。ＡＩの登場など急速な技術革新によって大きく変化するなかで生まれた教育概念で、これまでのように文系と理系といった枠組みにとらわれず、横断的な学びを目指すものだ。

日本の建築家は世界的に評価されているが、この文理という概念を超えた建築教育と、大工に始まるものづくりがベースにあるからなのではないか。だから、建築

イタリア　カンピドリオ（Campidoglio）から見た
フォロ・ロマーノ（Foro Romano）の古代ローマ遺跡

ピドリオからのフォロロマーノ.

学科を卒業したら、建築家にならなくても、いろんな分野で活躍できると思う。僕の知り合いでは、本の編集者として活躍している人もいるし、アプリケーションをつくっている人もいる。英語の「architect」は「建築家・設計者」だけでなく、「構築」という意味もある。構築とは、物事も組み立て築いていくことだ。アプリも論理の構築であり、考え方としては同じ。概念や物事を組み立てることはどの分野でも必要なことであり、よって建築学科で学べばいろんな分野で活躍できる、と思うのだ。

僕自身も、その教育のおかげで今があると思っている。どちらかというと、アーティスト的に個性的な作品性を打ち出しているわけでもなく、ある一方から見ると、中途半端なのかもしれない。しかし、建築の深みというのは、そこにあるような気がしている。

だから僕はレオナルド・ダ・ヴィンチが好きだ。芸術にも科学にも精通した彼は、ものを観察する力に優れ、原理原則を見い出す。それをさらにアートにまで昇華させる。やはり科学だけだと、機能や性能だけを追求してしまう。芸術だけだと、美しいけれど、使いにくいものになる可能性がある。どちらかだけではダメで、その両立、バランスが必要だと思う。両立こそ、融合こそが建築として最も面白いところなのではないかと考えている。

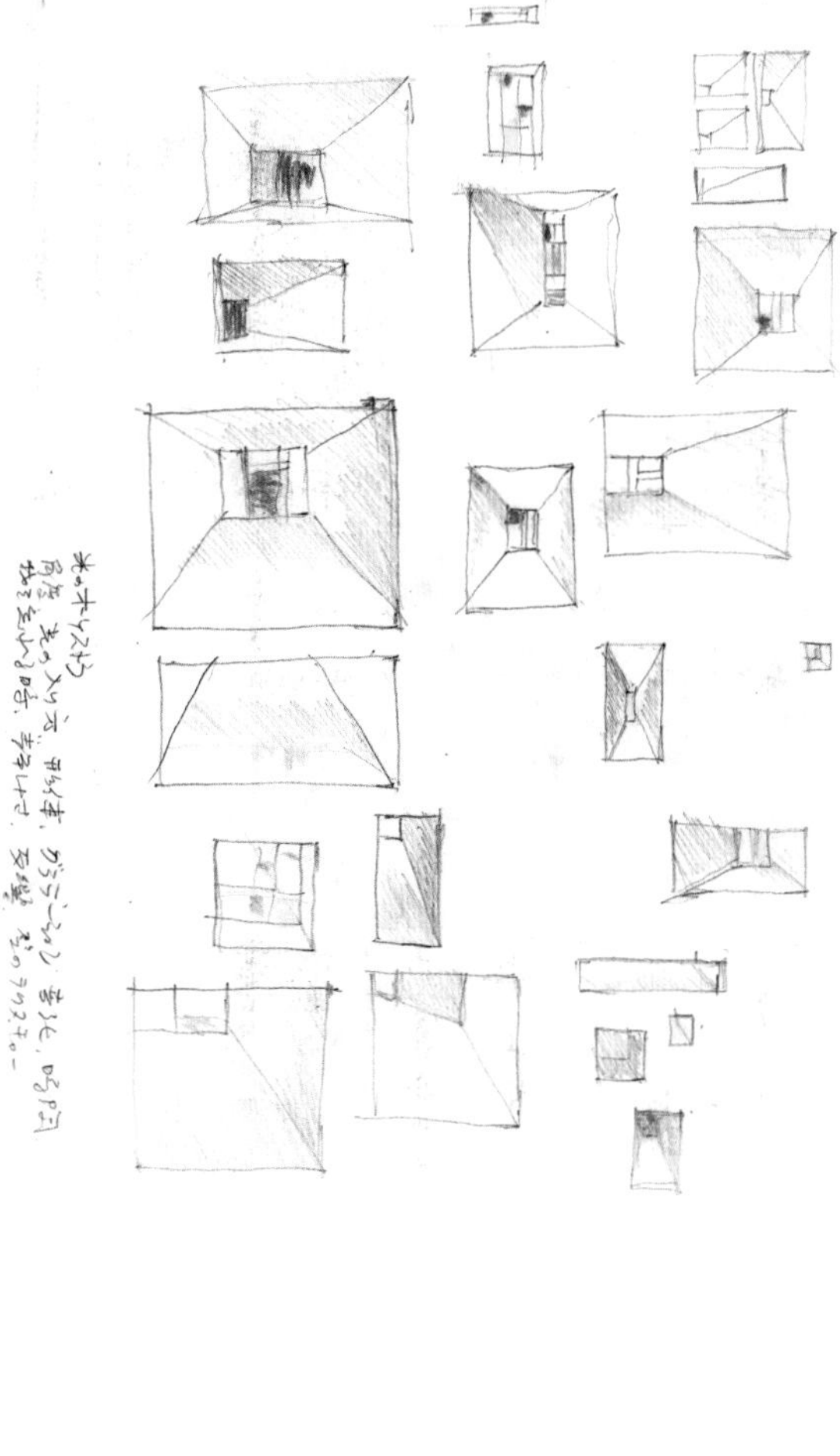

LIGHT HOUSE の中庭

ランドスケープのアンジュレーションの中心と

ダブル回廊でかこまれているというのは平行なかい

壁がせり上がっているので パースがきいているようにみえ

台形の中庭にみえる。

第5章　心地よい居場所を探して

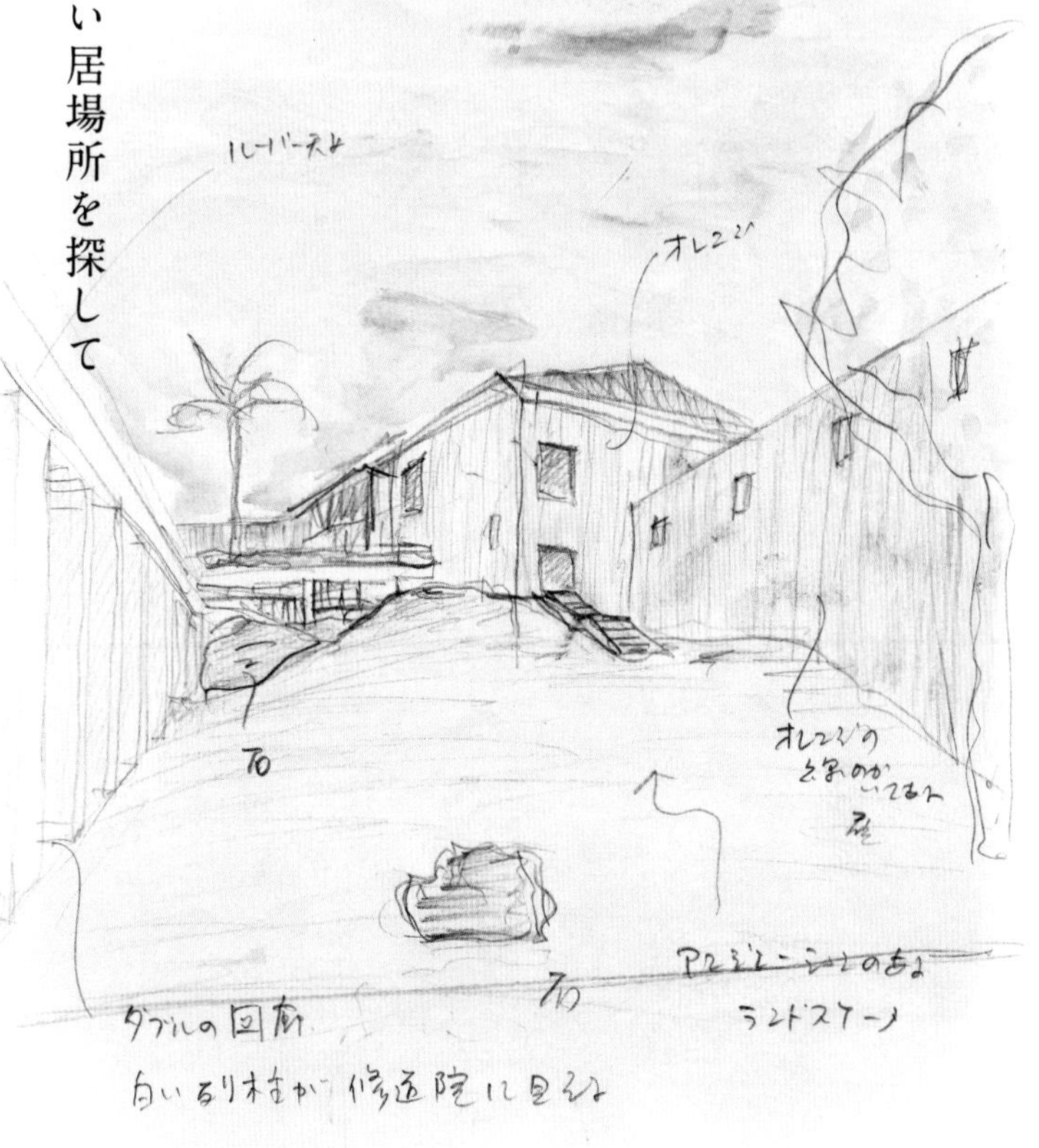

幸せな「居場所」がどれだけあるか

福井県につくった日華化学の研究施設（ＮＩＣ）や老舗、べにや旅館など、僕は建築の完成後も、定期的にワークショップとディスカッションを実施している。ＮＩＣでは、働く場所において何が必要なのかを具体的に意見交換を行い、一緒に働く場をつくり上げる喜びを分かち合うことを大切にしている。そうすることで、「プロジェクトの自分ごと化」「自分の建築を知る」「建築の楽しみや喜びを知る」機会が生まれる。また、プロジェクトや委員会の活動を通じて社内外でのつながりづくりを行っていて、見学に訪れる人たちに案内をする人の教育なども行っている。

機能的な建築はとても使いやすいと思うが、「なんだか心地いい」と思えることも大切だ。これからの時代は東京と地方の差はなくなるだろうし、住む場所も働く場所も自らが選ぶ時代になる。同じ場所に留まる必要がなくなるからこそ、僕たち建築家は「ここにいたい」「ここで働いていると心地いい」と思えるような場所をつくらないといけない。

僕は、豊かさとは選択肢の多さだと思う。自分が幸せを感じられる居場所がオフィスや学校に、街に、どれだけあるか。それが街やオフィスの魅力を測る尺度になると僕は考える。

2019年には、NICはイタリアの国際建築賞「デダロ・ミノッセ」[*32]特別賞を受賞した。デダロ・ミノッセは、イタリアのヴィツェンツァという古い街で設立された賞で、「優れた建築には良き発注者とすばらしい建築家の双方の存在が必要である」という理念のもと、建築家だけでなくクライアントにも与えられる賞だ。

日本の建築業界の賞は、建築家に与えられるものがほとんどだが、デダロ・ミノッセ賞はクライアントにも与えられるという珍しい賞だ。しかも、授賞式にはヴィツェンツァの一般市民も参加してきたから驚いた。それだけ一般市民が建築に興味をもっており、この賞自体を誇りに思っているということなのだろう。この授賞式は僕にとってとても重要な経験となった。僕も一般市民に愛される建築をつくっていきたいと、心新たにすることができた。

＊32　デダロ・ミノッセ
デダロ・ミノッセは、北イタリアのヴィツェンツァで1997年に設立された国際建築賞。「優れた建築には良き発注者とすばらしい建築家の双方の存在が必要である」という理念に基づき、建築家だけでなく発注者にも賞が与えられることで有名。ギリシャ神話に登場する建築家ダイダロス（伊・デダロ）と発注者であるミノス（同・ミノッセ）から名付けられた。

まちにひらく

ＮＩＣの場合、建物の完成時に空想は大きく膨らんでおり、社内だけにとどまらず、建物の外へ、まちへと飛び出していった。社内での化学反応だけでなく、他者とのワクワクする出会いによって社外のアイデアやリソースも加わり、イノベーションは加速していく。

以前の建物は塀に覆われていたので、地域に根ざしていくためにはまちにひらく必要があると考えた。そこで1階のコモンズは訪問客が入れる空間とし、まちとオフィスを隔てる塀をなくして、周囲のデザインも公園のような雰囲気にした。敷地の一部にはベンチを置き、歩道として街に場所を提供した。基本的に2、3階のコモンズは社員のためのものだが、段階的に外へとひらいていけるように計画した。

ワークショップを重ねることで社員が「オフィスをどのように運営していくか、活用していくか」をすでに考えて始めていたため、建物の完成後にはさまざまな活動に活用され、イベントなどを通じて地域に開放している。食堂は単なる社員食堂ではなく、「ガーデンスクエア」と名付け、イベントを開催できる場とした。福井県の産業と日本国内のクリエイターをつなげるイベントや、大手アパレルや素材メーカー、染色加工場を含む国内の繊維産業に関わるセミナーのほか、社員が中心となって企画している町内交流イベント「いこっさNICCA」も開催し、近隣の人々に会社を改めて知ってもらう活動も行っている。また、日本各地から企業が毎月のように見学に訪れ、県内の学生が修学旅行の一環で訪れることもある。社員が主体的にプロジェクトに参加したことで、竣工と同時にさまざまな取り組みが一気に動き始めたと感じた。さまざまな交流から生まれてくる新しい価値やビジネスも生まれつつあると聞く。

空想することから始めようという「MO-SOミーティング」というオープンラボ活動も始まったそうで、社員が中心になって企画しているのだから驚かされる。

建築の完成後に、僕たちの手を離れる感覚はとても嬉しい。それは、社員みんなが新しいオフィスは与えられたものではなく、自分たちで主体的につくったという感覚が強いからだと思う。自分たちでどう使いこなすかを考えるし、どう運用するかを考える。完成した建築が愛されているのだと思うと、僕は心の底から感動する。建築は建物が完成すればいいのではなく、完成後に使う人たちによっていかに愛されるかが大切なのだと、改めて感じた。

居心地の良さは〝場所〟のつながりから生まれる

「環境」は建築の世界でよく使われる言葉だ。辞書を引いてみると、「人間または生物を取り巻く、周りの状況や世界。そのものとなんらかの関係をもち、影響を与えるものとして見た外界」とある。最近では「環境問題」など、自然や海洋、地球などを指す言葉として使われることが多い。

僕は「環境」という言葉には2つの意味があると考えている。1つは空間内部の環境だ。これは空間に身をおく人に建築がどのような影響を与えるか。もう1つは、建築が外部環境、つまり建築と取り巻く都市や自然、社会に至るまで、建築の外側のあらゆることに対してどのような影響を与えるか。

これまでの建築設計では、一般的に前者のことが語られることが多かったが、僕はもともと後者の環境のことも考えていて、その重要性を非常に感じている。だからこそ、新しい建築をつくることで、周囲の自然や地域、都市に住む人々にも良い影響を与え、そのつながりが強まり、交流が増えてほしいと思った。

べにやの居心地の良さは、歴史という時間と芦原《あわら》という風土に守られ、旅館という場を通して人と人のつながりが生まれているからだと思う。僕たちは、奥村さんとこれまで提携していた米農家、たまごや鶏肉、牛乳などを提供する牧場、特産品である越前ガニの蟹ガラで育てた野菜を一緒に見て回った。一般的に、流通ルートから安く手に入れたほうが効率的だという人もいるだろう。しかし、べにやは、旅館という一つの〝場〟を通して、あらゆる小さな生産者がつながっているのだ。今では多くの旅館も行っていることかもしれないが、べにやは以前から地産地消をずっと大切にしていた。

旅館を通してあらゆる関係性が成り立っており、それは建築以上に価値のあることかもしれない。それは、旅館という建築が存在したから生まれたことなのかもしれない。そのつながりが新しい建築を通して、より一層強まれば、これほど嬉しいことはない。

さらに、建築のデザインとして、まちにひらくことも提案した。以前は縁側で餅つき大会をしたり、お祭りの立ち寄りだったり、節分の豆まきをしていたことから、広場のような場所をつくろうと思い、玄関前はなるべく塀もなく、広い空間をとるようにした。旅館は地域の財産なのだ。

〝らしさ〟とは何か

僕はいつも、新しいことに挑戦していきたいと考えている。ROGICで大きな賞を同時に2つも受賞することができた。おかげで多くの人に知ってもらうことができたのだが、それと同時に一時期、「環境建築家」といわれるようになった。もちろん環境を最大限に活かして設計したので、間違いではないのだが、カテゴライズされることに違和感を覚えた。環境やエネルギー問題が注目され始めた時だったこともあるとは思うが、僕としては「環境建築」を目指したわけではなく、その土地や自然、さまざまな条件や課題をクリアしていくなかで、結果として環境に配慮した建築になった。

専門性を打ち出す建築家や設計事務所も多いけど、僕自身は自分のスタイルを固定しなくてもいいと思っている。むしろ固定できないほど、建築への興味が尽きない。もともと学生時代に山登りにハマり、冒険家になりたいと真面目に思っていた性格もあるからかもしれないが、常に冒険していたいし、新しいことに向かっていきたいたちなのだ。べにや旅館は、初めての旅館の設計だったが、本当にワクワクしていた。
もちろん専門性をもって、それを磨いていく道もあるだろう。初めての挑戦は最初ドキドキするけれど、それはワクワクを連れてくる。それを知っているからこそ、やめられないのだ。

よく「男らしい」「学生らしい」などと表現されるが、〝らしさ〟とは何だろうか。「自分らしさをもちなさい」なんてことを言われたりすることもあるだろう。それは、何かに自分を当てはめてしまっているような気がしてならない。僕は、自ら何かに自分を当てはめる必要はないと思っている。人は多面的だから、自分が知らない自分がたくさんいる。それは人に言われて気づいたりもするし、思い掛けない出来事をきっかけに知ったりもする。

僕自身、「小堀さんらしい建築ですね」と言われても、いつもピンとこない。なぜなら「らしさ」なんて、いつもまったく考えてないし、何か違う気もする。いつも目の前のことに夢中になって設計しているだけ。でも、「みんな僕をそんなふうに見ているのか」と発見があるし、新しい自分に出会ったようで面白い。

つまり「〝らしさ〟なんて無理に追わなくていい」と言いたいのだ。一人ひとり違うのだから、空想を馬鹿馬鹿しいと否定せず、膨らませていけば、自ずと自分にしかできないものができるはずだ。

一人になる時間

最近は、SNSやゲームなど暇つぶしのものがたくさんある。しかも街にいると、一方的に情報が流れてくる。

自分自身、すぐに効率的に早く考えてしまう。

ある時、息子と会話をしていたら「パパはすぐにケイタイで何でも調べようとする。もっと話を楽しく膨らませようよ」と言われた。

そんな時代だからこそ、僕はいったん情報を遮断し、一人になる時間が必要だと思う。一人の時間とは、自分と向き合う旅のようなものだ。僕は小さい頃、いつもレンゲ畑で犬と遊んでいた。寝転がるとレンゲに囲まれ、自然と一人になれた。空しか見えず、その風景を今でもよく覚えている。いろんな空想を膨らませては楽しんでいた。

大学時代は、山に夢中になっていた。山には一人になれる時間があった。たとえ仲間と一緒に登ったとしても、人それぞれ感動するポイントが違う。それぞれの景色を見ながら、自分の世界に入る。一緒にいながら一人になれるという、不思議な状態を味わえるのだ。

自分が何に感動し、何を美しいと感じるのか。逆に、何を嫌だと思うのか。一人の時間は自分の心の奥深くに触れるきっかけとなる。とても小さな感覚や感動、違和感は、他人の意見や情報に振り回されて見過ごしてしまいがちだ。しかし、ものづくりの根源となるのは、自分自身が身体《からだ》で感じた僅かな感覚、感動、違和感であり、その体験は誰にでも平等にあるはずだ。一人の時間をつくり、それを丁寧に拾い上げ、耳を傾けていきたい。

アジアの屋台

今、僕たちの世界は、インターネット上の画面にあるボタン一つで食べ物までもが家まで届く。どこで誰がどのようにして運んできたのか、つくられたのか、プロセスはよく分からない。

大きなコンピュータネットワークの中に小さな商店は消え去ってしまった。そのうちショッピングモールもコンピュータの中にできて、屋台や色とりどりのお店のような建築もどんどんなくなっていくのではないか。そうすると、街で行き交う人と人の会話もなくなってしまうだろう。

東南アジアに行くと、いまだにさまざまなものが移動式の屋台や路上で売られている。食べ物は野菜にフルーツ、氷、米や水など生活に必要なものはなんでも揃う。

屋台でご飯を食べるのも楽しみの一つだ。その横で、おこぼれにあずかろうと野良犬が待つ。屋台を引いているのは、大人から子どもまでさまざまだ。

アジアの屋台は都市の中に存在し、道は広場のように常に賑わっている。

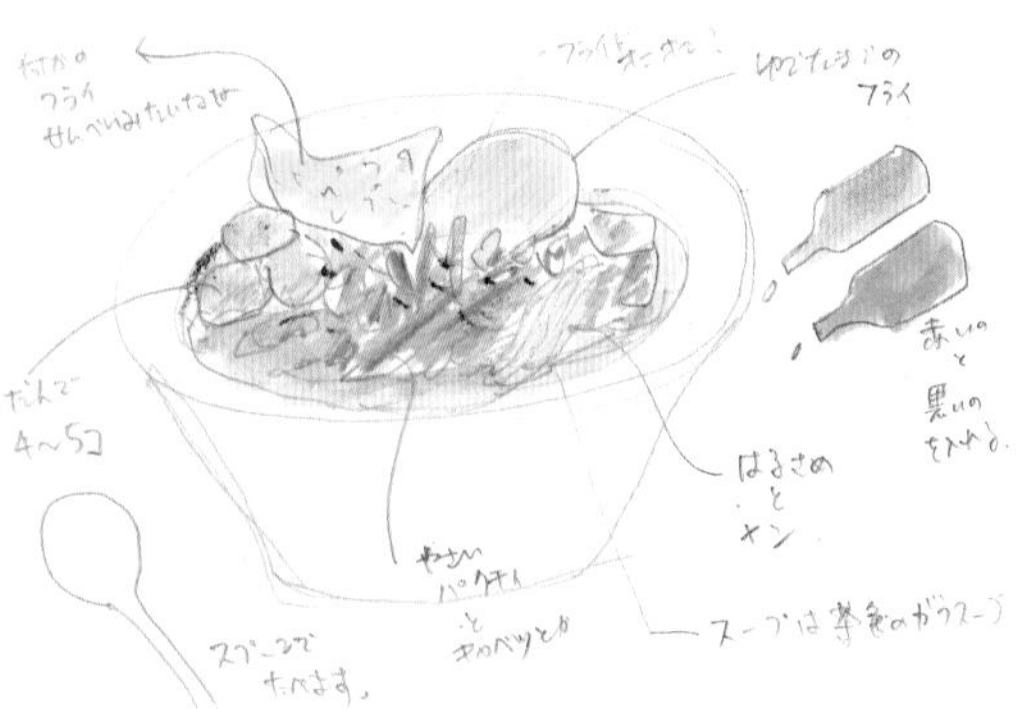

バリ島ウブド地区のモンキーフォレスト通りで食べた麺入りスープ（Mie Bakso）

そこに集まる人々はおしゃべりをしたり、笑ったりする風景が道端に溢れている。

きっと屋台は商売のしやすい場所へと集まり、そのうちに屋根や柱はその場所に固定化されていったのではないか。

僕が見たお店では、朝、その柱と布の屋根を1時間ほどかけてつくり、即席のお店ができていくものもあった。そのうちそこで掘っ立て小屋を建ててお店が恒久化していく。商売がしやすい場所にどんどんお店が集まって屋台の村ができる。商店街はそうやってできてきたのだろう。

現代では、そこから商売のうまいスーパーができてどんどん大きくなった。そのうちに商店街そのものが大きな建築となってショッピングモールができた。

しかしきっと始まりは屋台だ。だから屋台はなぜかほっとするし懐かしいし、都市に人と人の会話が溢れ、屋台には人の心が詰まっているような気がする。

いつも東南アジアに行くと足が屋台のほうに向く。

コンピュータネットワークの世界がどんどん広がる時代だからこそ、屋台のような人の集まる建築をつくっていきたい。

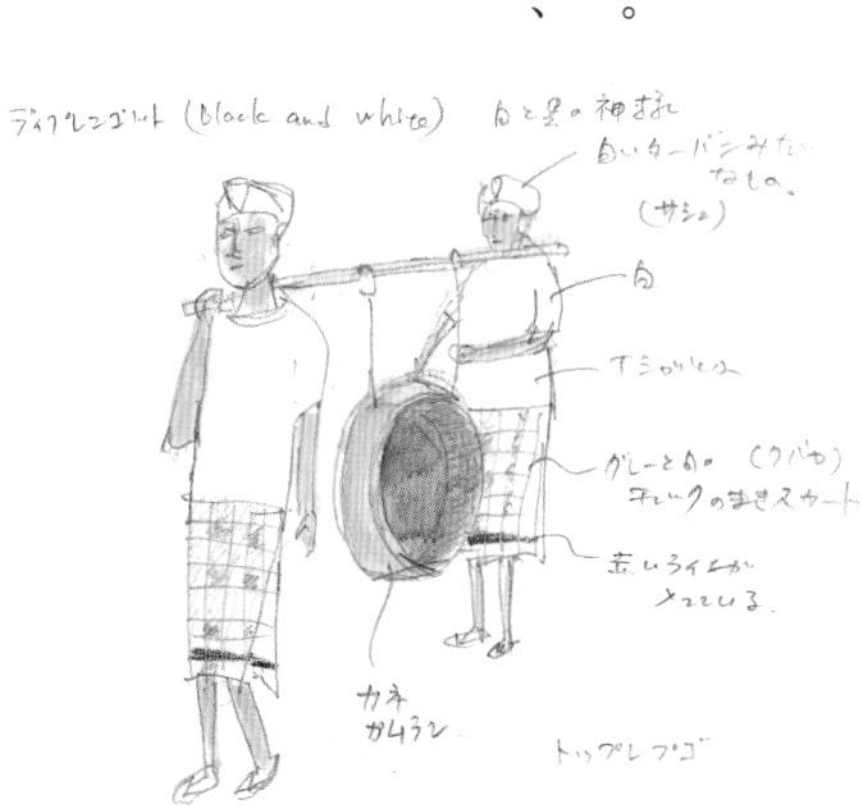

ウブドの通りで見たお祭りに参加する人。大きな楽器のようなものを吊り下げていた

ちょっと移動してみる

僕は回り道、寄り道をしてもいいと思っている。いや、むしろしたほうがいいとさえ思っている。日本の学校で学んでいると、自分の席（場所）は与えられるものだと思っているかもしれない。

しかし僕は、居心地がいいと思える席は自分で探すものだと思っている。最初から自分にぴったり合う席に出会うなんてことは、そんなにないのだ。

僕自身のことを振り返ると、少しずつ移動しながら、自分の場所を探していたように思う。「なんか違うな」と思い、山に夢中になって、大学で意匠系の研究室ではなく、歴史研究室を選んだのも違う世界へ行ってみたかったからだ。「なんだかここは自分の居場所じゃないな」と感じ、一歩横にずれてみる感覚だ。それを「逃げ」だという人もいるかもしれない。でも僕は、そこが自分の場所じゃないとか、違和感を少しでも覚えたのなら、逃げてもいいと思っている。「逃げる」という表現があまり適切ではないかもしれないから、「ちょっと移動してみる」だ。

もしも与えられた場所が、自分にとってとても心地よい場所なら、もちろん動く必要はない。でも、最初から疑問をもたずに、無自覚にそこにいるのはちょっと違う。試しに動いてみると、案外「こっちのほうがいいな」ということもあるだろう。最初の頃は居心地が良かったのに、だんだん合わなくなってきた、ということもあるだろう。それは自分が成長した証拠だ。人は成長し変化するものだし、取り巻く状況なども変わっていく。だから、ずっと同じ場所にいるほうが不自然なのだ。違和感を覚えたら、自分の変化や状況に合わせて、動いてみればいい。

これまでいろんな人に出会ったが、一つのことに突き抜けた、ある種変態的な人やクセのある人は本当に面白い。しかし日本の社会だと、扱いにくい人と思われたり、学校ではみだし者扱いされたりしてしまうことがある。それは、本当にもったいない。ただそこに合わないだけで、自分を否定してほしくない。むしろ、「あなたたちは面白い！」と強く言いたい。

自分の個性を活かすためにも、「ここじゃない」と思ったら、今の場所から移動していくことが大事だと思う。自分の居場所は自分でつくるしかない。

僕は大学時代に「トロイメン」という探検や登山のサークルを自分で仲間とつくった。そうすると、面白そうだなと人が集まってきてくれ、山の現場では多くの登山家に出会うことができた。

山登りは身体の全部を使うから、夢中になって山に登っていると、「生きているな」という感覚になる。すごくピリピリした感覚だ。建築に没入する感覚、腹落ちする感覚と通じるものがある、と分かったとき、僕は改めて建築に向き合おうと思った。自分が物足りないと思っていた自然への感覚がここにはあった。そして建築でこそ自然への感覚をつくることができると思った。

身体がピリピリするような感覚。それに出会える場所は人それぞれ必ずあるはずで、そこまで移動したり、試行錯誤したりしていく必要がある。みんな全身がピリピリするような場所があるはずだ。

空想力の鍛え方

僕はこの本のなかで、ずっと空想の力を訴えてきた。空想力は誰にでも備わっている力だと思う。それをどう鍛え、発揮するか。別に建築でなくたってもちろん構わない。

空想はまず、感じることから始まる。

僕の場合、空想を鍛えてくれたのは自然だった。子どもの頃に遊んだ岐阜の田舎や、大学時代に登った日本の山。頭で考えるよりも自然のなかに没入し、風景や匂い、音など、すべてを五感で感じることが、僕にとっては何よりも力になった。

子どもの頃は、みんなそれぞれの空想を膨らませていたはずだ。それはとてもクリエイティブな状態だったと思う。それを徐々に忘れてしまっているだけなのだ。

思い出すためには、頭で考える前に、全身で、五感で感じる必要がある。どうしても、みんな先に説明を欲しがり、言葉や意味を求めがちだ。でも子どもの頃は意味なんて考えてなかったはずだ。「楽しそうだから」とか「なんとなく面白そうだったから」とか、身体《しんたい》感覚や自分の気持ちを優先する。

物事は意味を求めてしまうと、一気につまらなくなることがある。例えば、僕が今関わっている[*33]大阪・関西万博のパビリオンでは、クラゲをテーマにした（229

*33 **大阪・関西万博**
正式名称は2025年日本国際博覧会。2025年4月13日から10月13日までの184日間、大阪湾の夢洲《ゆめしま》で開催予定の国際展覧会。テーマは「いのち輝く未来社会のデザイン」。

ページ参照）。クラゲは不思議な生き物で得体が知れず、言葉で説明できないところがいいと思ったのだ。

自分も含め、ネットや本で調べて、先に言葉にしたがる。しかし僕が心掛けているのはその反対で、先に体験してみて、それから言語化することが多い。言語化するということは、説明できるということ。つまり先に頭で考えてしまっているのだ。

だから、まずは行動してみてほしい。現地に足を運んで、全身で感じる。身体全体で捕まえにいくような感覚だ。そうすると、誰かに聞いた何かではなく、自分の血となり、肉となる。腹落ちした感覚を味わうことができる。

さらに触ってみたり、香りを嗅いでみたり、五感をフルに使ってみて、感覚を養う。スケッチを描くなど、何かしら手も動かしてみてほしい。手は脳とつながっているので、手を動かすことで、脳が刺激されるからだ。

建築には光や風、音などあらゆる要素があり、それらが複雑に絡み合って一つのデザインとして成立している。だから、気になる建築があれば、身体全体で建築を味わいにいってほしい。思いのほか人は、ものを目で見ているようで、自分が選び取ったものだけ見ているもの。だから時には目をつぶって、身体全体を使って建築を感じてみるといい。きっと目で見たときとは違う感覚を味わえるはずだ。

空想力を鍛えるためには、自分を信じることも必要だと思う。なぜなら、もし空想が浮かんだとしても、自信がないと、それを隠してしまうからだ。だからワークショップを開いて、「ここならなんでも話していいんだ！」と思える場所を用意するようにしている。

自信は、空想を発揮する力となる。僕はもともと子どもの頃から空想するタイプではあったが、大学や社会に出て知識や技術を学び、経験を積んで自信がついたからこそ、さらに空想を膨らませられるようになった。もしも空想が浮かんだら、それをまずは信じてみてもいい。空想が現実となるには時間はかかるかもしれないが、その時は必ず来ると信じて、否定することなく、温めていくことが大切だと思う。

大切なのは〝答え〟よりも〝問い〟

みんな答えを求めがちだが、実は本当に大切なのは〝問い〟のほうなのだ。

物理学者のアルベルト・アインシュタインも「大切なのは、問うことをやめないことだ」と言っている。今一緒に大阪・関西万博の仕事をしている音楽家・数学者で実業家の中島さち子[*34]さんも、「数学の世界では、実は『問い』をたてることにこそ、莫大な価値がある」と教えてくれた。一般的に僕らは、答えを出した人がすごいと思ってしまうが、そうじゃない。問いがあるから、答えを求めるためにいろんな数学者がそれに挑戦するため動き出す。それが数学の歴史をつくってきたのだから、本当に面白い。

そのためには、当たり前のことを当たり前にとらえないことが大切だ。「みんながやっているから」「常識的にそうだから」と無意識に受け入れてしまうのではなく、問題意識をもって物事を見て、「本当だろうか」と問うてみる。それが自分ごとにするということだ。

＊34 **中島さち子（なかじま・さちこ）** 1979（昭和54）年-。ジャズピアニスト・数学研究者・実業家。株式会社steAm CEO。1996年国際数学オリンピックインド大会で日本人女性初の金メダルを獲得する一方で、東京大学在学中にジャズに出会い、ジャズピアニストに。2025年日本国際博覧会のテーマ事業プロデューサーの一人で、テーマ事業「いのちを高める」のパビリオン「いのちの遊び場クラゲ館」を一緒につくっている。

空想も、問いと似たような要素があると思う。空想を投げ掛けることで、みんながざわめき、「この空想は本当か？」とそれに向かって動き始めるからだ。空想にも、人を動かす力があるのだ。

建築は一人でやれることには限界があるので、いろんな人の力が必要だ。だからこそ、空想を原動力に、いろんな人を巻き込んでいかなければならない。

クラゲ

今、大阪・関西万博のパビリオンの設計をしている。

空想の始まりは、クラゲだった。

クラゲを見ていると飽きない。

いつまでも動き続ける、ゆらゆらと遊んでいる——クラゲは水のようで生き物なのか、動物なのか植物なのか、オスなのかメスなのかよく分からない。

だけど、クラゲには永遠の命を感じる。

よく分からないけれども、とても魅力的に見える。

今この世の中にあるものは何かになろうとしている。何かにならなければいけない。だけど、クラゲはいつまでもゆらゆら水の中で遊んでいる。

訳が分からないものの、象徴としてのクラゲ、僕はクラゲのような建築をつくりたいと思った。

大きな傘の、ゆらゆらと動いている建築。

宇宙人になりたい

夜空を見上げると星で輝いている空は、無限の広がりをもっている。月から見た地球はどうなっているのだろうか。あの星から見た地球はどう見えるのだろうか。僕たちの宇宙へ対する思いはどの時代でも謎の一つだ。

宇宙人になればもっと大きな世界を知ることができる。宇宙人になれば地球を外から見ることができる。そうすれば、地球がどういう状態で生きているか分かるはずだ。宇宙人になるには宇宙を知らなきゃいけない。宇宙を知るためには宇宙を観察しないといけない。

昔から太陽の運行や星の運行は、人間にとって究極の知りたいことの一つだった。僕はかつてインドでジャンタル・マンタル[*35]を見た。これは巨大な天体観測建築だ。星の運行や月の運行をこの建築で確認するための場所だ。

この建築を見たときに、まずその大きさに驚いた。星を見るためだけなら、望遠鏡や船の運航に使う六分儀くらいだろうと思い浮かべていたが、これほどまでに大きいとは思っていなかった。高さ10メートルほどもある。

円形の建築がある。高い塔の建築がある。細かく目盛りのついた建築がある。長い階段が続く建築がある。滑り台のような建築がある。

これらすべてが宇宙を知るための観測建築だと知ったとき、なぜこれほどまでに大きな建築をつくる必要があったのかと考えた。人々がその空間の中に入って宇宙と一体化したいという空想から生まれた建築だ。

宇宙を知ることは地球を知ることである。

宇宙人は地球を見ている。今、僕たちは地球という概念を宇宙から見ることができる。Google EarthやＮＡＳＡのホームページで見ることができる。

＊35　ジャンタル・マンタル
ジャンタル・マンタルは、18世紀初頭にマハラジャ・ジャイ・スィン２世によって建設された、インドのジャイプルにある巨大な石の建造物からなる一群の天体観測施設である。サンスクリット語で「計算機の宮殿」を意味し、天体観測や天文学的な計算を行うために使用された。２０１０年に世界遺産に登録されている。

宇宙から地球を見たときに、何を感じ取れるか。
僕たちはどこに向かっていくのか。
その答えを求めて、僕は旅に出続ける。

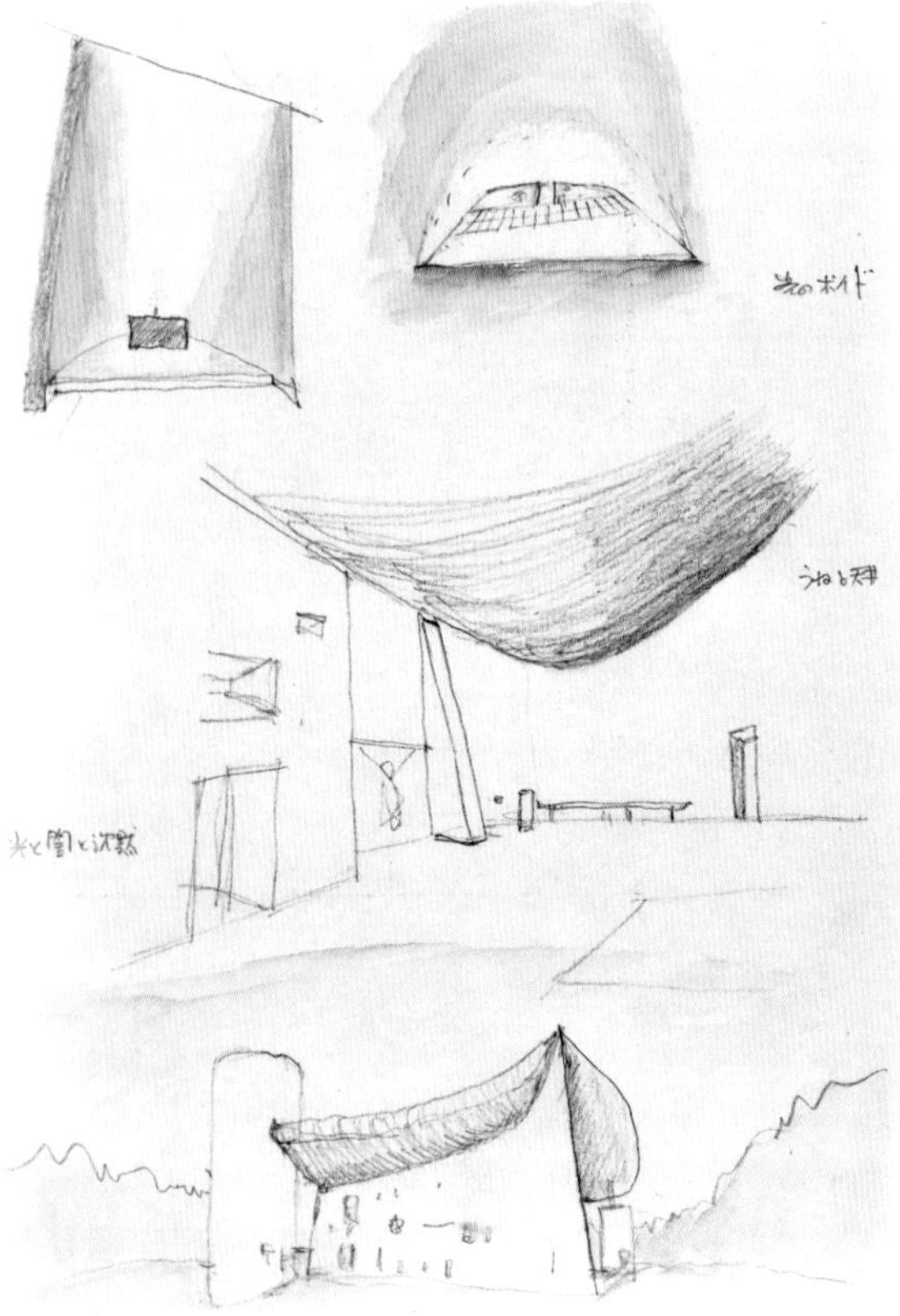

おわりに

建築家の仕事は、空想をつくり出すことだ。

不安定で正解のない今の世の中で、生き抜いていくために最も必要な力が空想だと僕は思う。

空想力はすべての原動力となる。僕たちが車なら、空想は動くためのガソリンだ。

空想の力をいちばん発揮し、クリエイティブなのは子どもの頃だ。

その無限の可能性をつぶしたくない。

だからこそ、この本で空想の大切さをみんなに伝えたいと思った。


この本を書きながら、これまでのことをじっくり振り返ることができた。この機会をくださったOOKABE GLASSの大壁勝洋社長には、本当に感謝している。

大壁社長とは最初、「未来を担う子ども、若い人たちに、建築の楽しさを伝えたい」と意気投合したところから、この本づくりは始まった。そしてもう一人、僕のアタマのなかを解体して言語化することに根気よく付き合ってくれた植本絵美さんにも感謝している。そして率直な意見をいつもくれる家族にも感謝している。

僕が社会に出て、実際に建築を設計するようになってから、25年以上が経つ。

今でこそ建築家として仕事をしてはいるが、40年前までは、ただの空想好きな少年に過ぎなかった。

今現実になっている建築も、実はかつて僕がお風呂の中で空想したことかもしれないのだ。


空想を膨らませて、いろいろなことをじっくりと身体全体で感じて、観察して、夢中になってスケッチを描いているときは本当に楽しくてしょうがない。

しかし、それをカタチにしていく間は、生みの苦しみ、楽しみも味わう。その苦しみがあるからこそ、空想の夢と現実が近づいていき出来上がった建築を見ると自分でも感動してしまう。隣を見れば、クライアントや施工会社の人たちも、口をあんぐり開けていることもあった。

言葉にはしないけれど、心底感動しているのが分かった。

魂と魂をぶつけ合ってカタチになった建築は、いつも僕の想像をはるかに超えてくる。

この感動があるから、建築家はやめられない。

僕はこの本で、「もっと自由に選んでいいんだよ」「自分の居場所を探すために、もっと動いていいんだよ」ということを伝えたかった。

自由に生き抜くためには、それなりに力をつけないといけない。

まずは空想力と直感力を鍛える。さらに、知識もいるし、技術もいる。

この空想と直感という、五感的な右脳的要素と、知識や技術といった左脳的要素、この両輪を身につけていくことが大事だと思う。それらを融合させることで、複雑な課題や問題を超越した答えを導き出すことができる。

空想とは、想定外の考え方と表現してもいいだろう。

想定した自分の枠を超える力となってくれるのだ。

若い人たちは、いろんな可能性を秘めている。だから、わざわざ自分から枠にハマる必要なんてない。人の目なんて、誰かの評価なんて気にしなくていい。

自分の小さな足元を見ないで、空を想おう。

今自分のなかにある感覚、夢、空想を否定せず、大切に育てていってほしい。

僕は昔から、いや今でも「世界一の建築をつくる」と言っている。

言うのはタダだ。自分で枠を定めてしまうと、手が届くところにしか目標をもてなくなってしまう。

空想は、伝播していく。

プロジェクトで僕がみんなに空想を投げ掛けると、「やってみようぜ」と周りが動き出す。そうすると、さらにみんなの思いや夢をのせて、空想もどんどん膨らんでいく。

みんなでワクワクしながらつくった建築が、面白くないはずがない。

だから、もっと自由に空想したい。

それが見たこともない未来を、建築を、自分を連れてくるはずだ。

僕はそれを見てみたい。

小堀哲夫

SAYAN TERACCE の中庭から

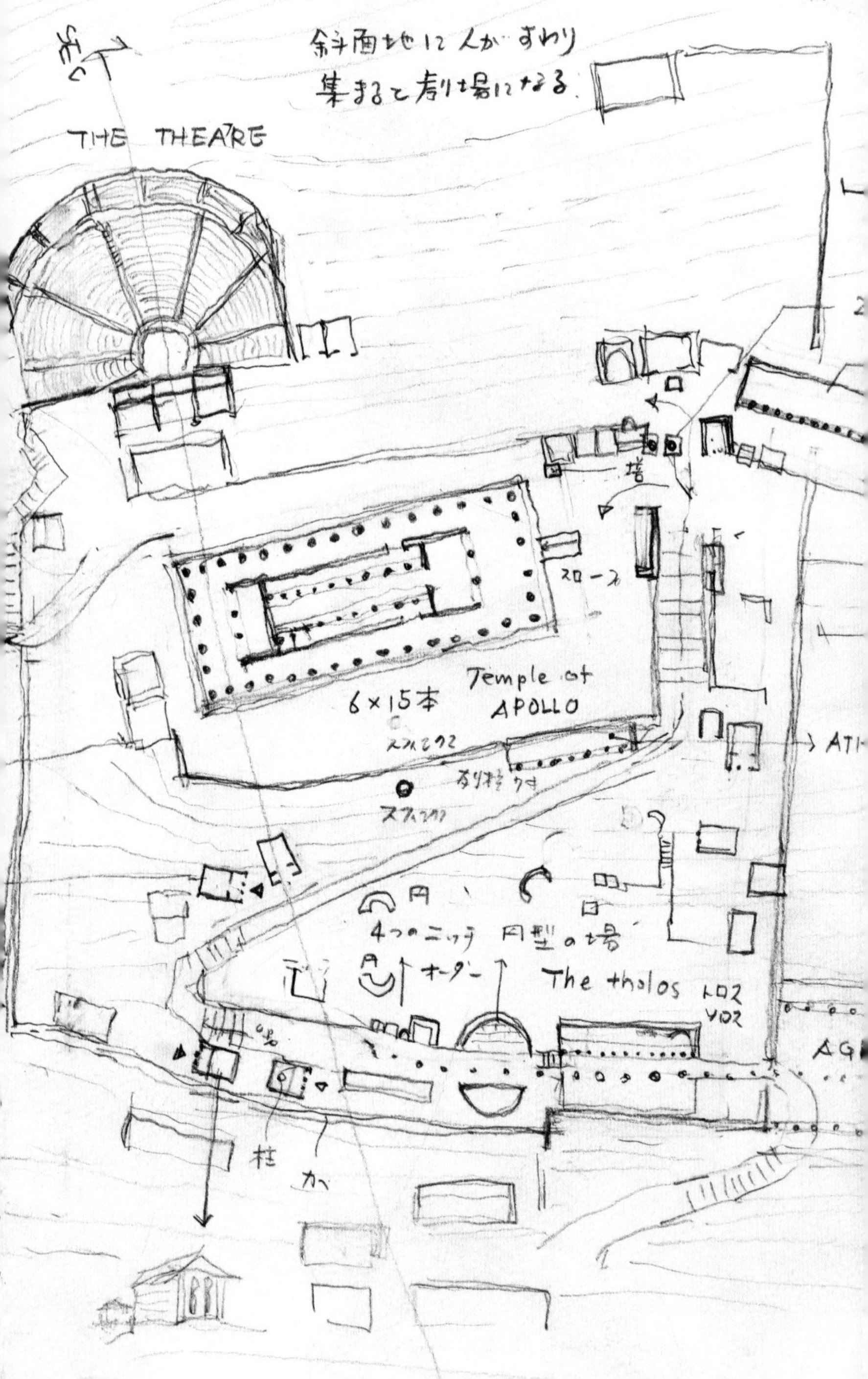
北
斜面地に人がすわり
集まると劇場になる。
THE THEARE
塔
スロープ
Temple of APOLLO
6×15本
円
4つのニッチ 円型の場
オーダー
The tholos トロス
ATI
AG
柱

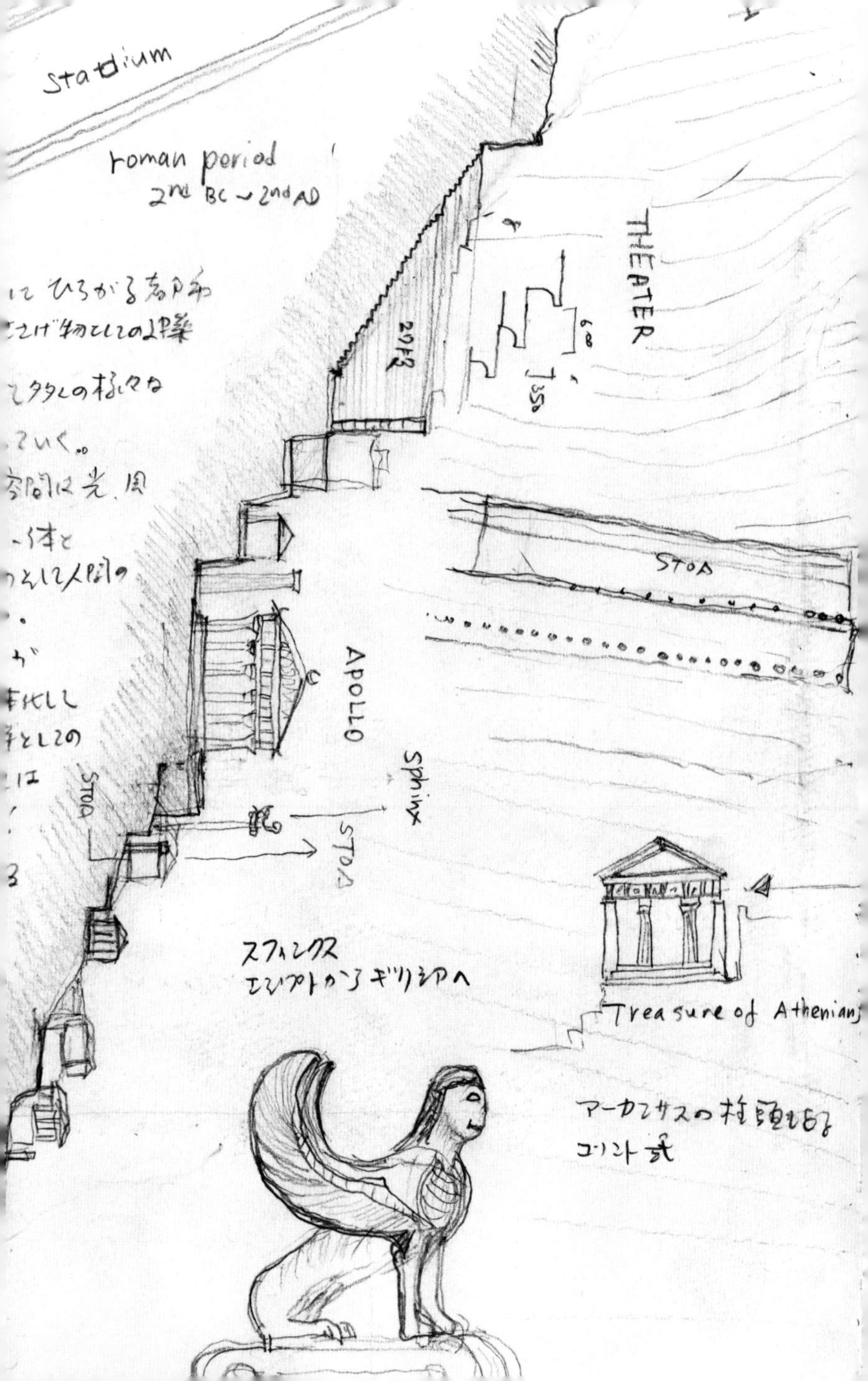
Stadium
roman period
2nd BC ~ 2nd AD
THEATER
STOA
APOLLO
Sphinx
STOA
STOA
スフィンクス
エジプトからギリシアへ
Treasure of Athenians
コリント式

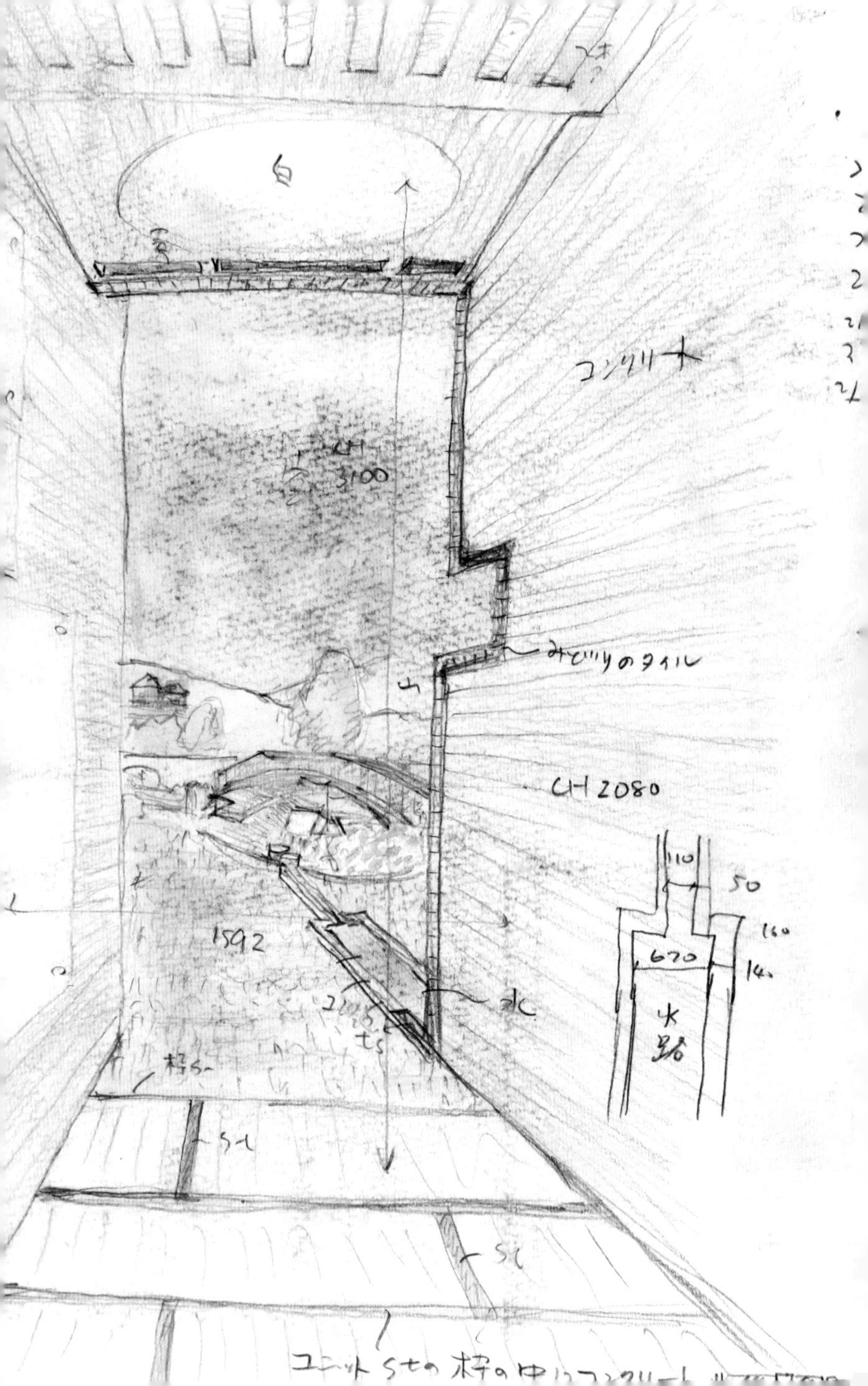
白
コンクリート
CH 3100
みどりのタイル
山
CH 2080
110
50
160
670
140
水路
1592
水
ユニットStの枠の中にコンクリート

いう空間は これからの 生命 男と女と子供の生命の世界に
つ所から よみがえり 世界は 2つ様であって と知る.

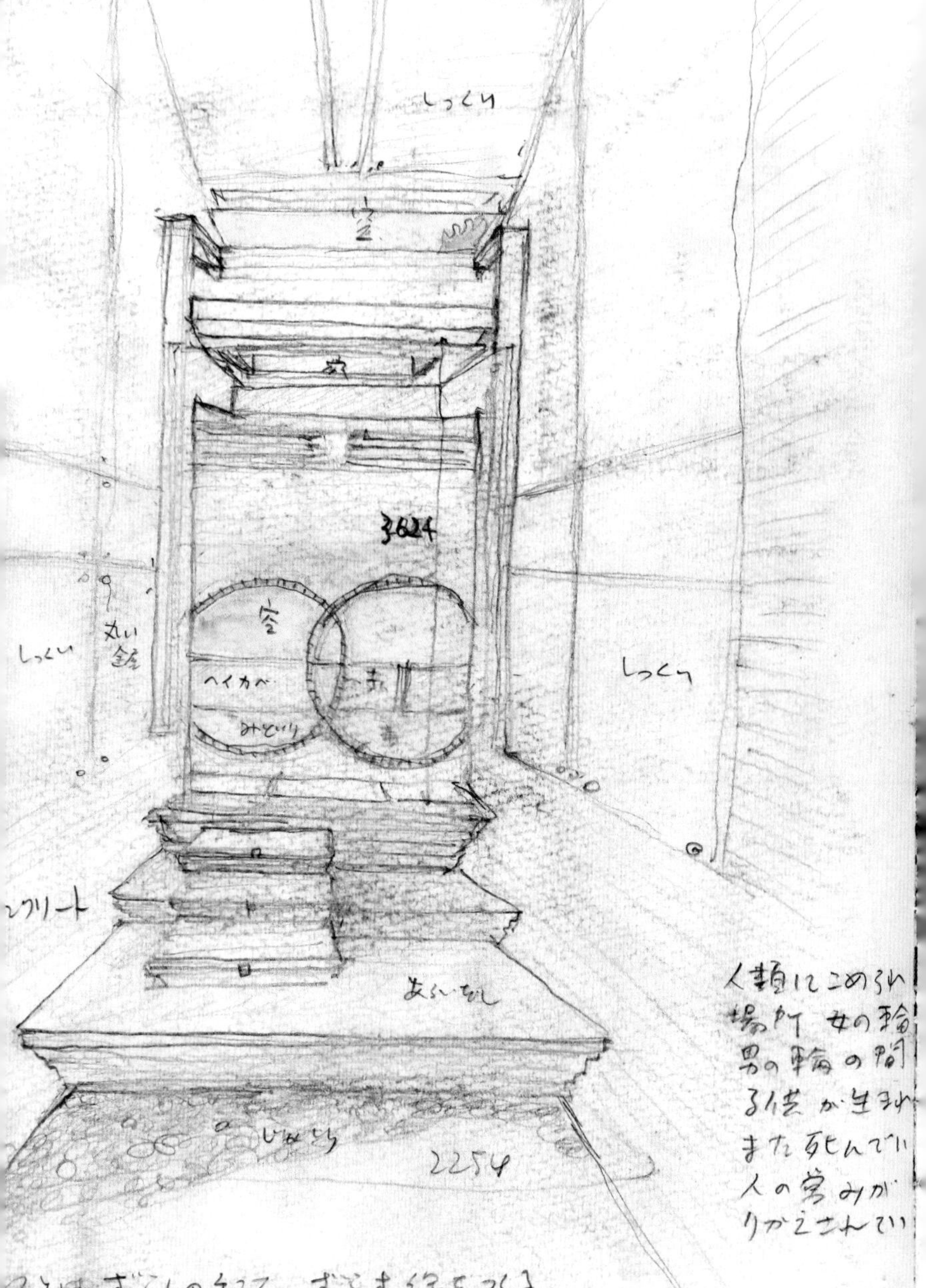

人類にこめられ
場所 女の輪
男の輪の間
子供が生まれ
また死んでい
人の営みが
りかえされてい

スとは ずらしの手法. ずらす. 線をつくる.
す. 分解する. ほどける. 結合部の全ての Detail
える. つながりに JOINT に神がいる Tomba Brion Entrance

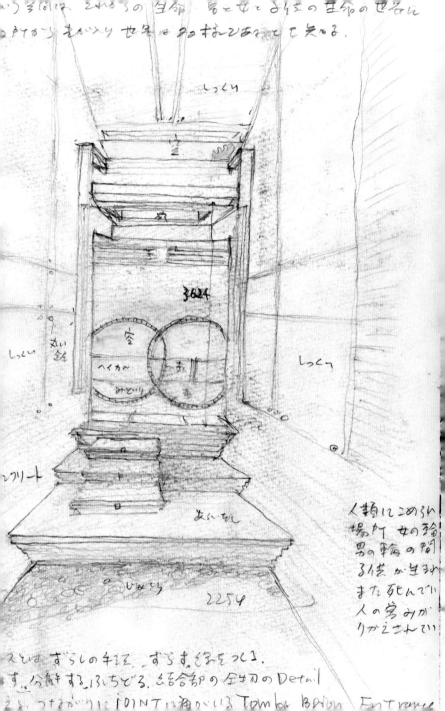

いつまでも建築小僧で
生きてほしい（画：平倉章二）

〈著者紹介〉

小堀哲夫（こぼり　てつお）

建築家・法政大学教授。1971年、岐阜県生まれ。2008年、株式会社小堀哲夫建築設計事務所設立。日本建築学会賞、JIA日本建築大賞、Dedalo Minosse国際建築特別賞など、国内外において受賞多数。代表作品に「ROKI Global Innovation Center -ROGIC-」「NICCA INNOVATION CENTER」「梅光学院大学 The Learning Station CROSSLIGHT」「光風湯圃べにや」など。その場所の歴史や自然環境と人間につながりを生む新しい建築に取り組んでいる。

本書についての
ご意見・ご感想はコチラ

建築家のアタマのなか

2023年10月27日　第1刷発行

著　者　　小堀哲夫
発行人　　久保田貴幸

発行元　　株式会社 幻冬舎メディアコンサルティング
〒151-0051　東京都渋谷区千駄ヶ谷4-9-7
電話　03-5411-6440（編集）

発売元　　株式会社 幻冬舎
〒151-0051　東京都渋谷区千駄ヶ谷4-9-7
電話　03-5411-6222（営業）

印刷・製本　瞬報社写真印刷株式会社
装　丁　　都築 陽

検印廃止

Printed in Japan
ISBN 978-4-344-94699-6 C0052
幻冬舎メディアコンサルティングＨＰ
https://www.gentosha-mc.com/